PARA TODAS AS PESSOAS INTENSAS

2ª edição
12ª reimpressão

IANDÊ ALBUQUERQUE

PARA TODAS AS PESSOAS INTENSAS

OUTRO Planeta

Copyright © Iandê Albuquerque, 2019
Copyright © Editora Planeta do Brasil, 2019
Todos os direitos reservados.

Preparação de texto: Fernanda França
Revisão: Juliana A. Rodrigues e Project Nine Editorial
Diagramação: Project Nine Editorial
Ilustrações de miolo: Flávia Santos
Capa: Fabio Oliveira

Dados Internacionais de Catalogação na Publicação (CIP)
Angélica Ilacqua CRB-8/7057

Albuquerque, Iandê
  Para todas as pessoas intensas / Iandê Albuquerque ; ilustrações de Flávia Santos. -- 2. ed. -- São Paulo: Planeta, 2019.
  224 p.

ISBN: 978-85-422-1810-7

1. Crônicas brasileiras 2. Autoconhecimento 3. Amor I. Título II. Santos, Flávia

19-2233   CDD B869.8

Índices para catálogo sistemático:
1 . Crônicas brasileiras

MISTO
Papel | Apoiando o manejo florestal responsável
FSC
www.fsc.org   FSC® C112738

Ao escolher este livro, você está apoiando o manejo responsável das florestas do mundo

2025
Todos os direitos desta edição reservados à
EDITORA PLANETA DO BRASIL LTDA.
Rua Bela Cintra, 986 – 4º andar
01415-002 – Consolação – São Paulo-SP
www.planetadelivros.com.br
faleconosco@editoraplaneta.com.br

*Um dia alguém vai sumir da sua vida,
só porque você é intenso demais,
ou porque você é simplesmente amor demais.*

E algumas pessoas têm medo do amor.

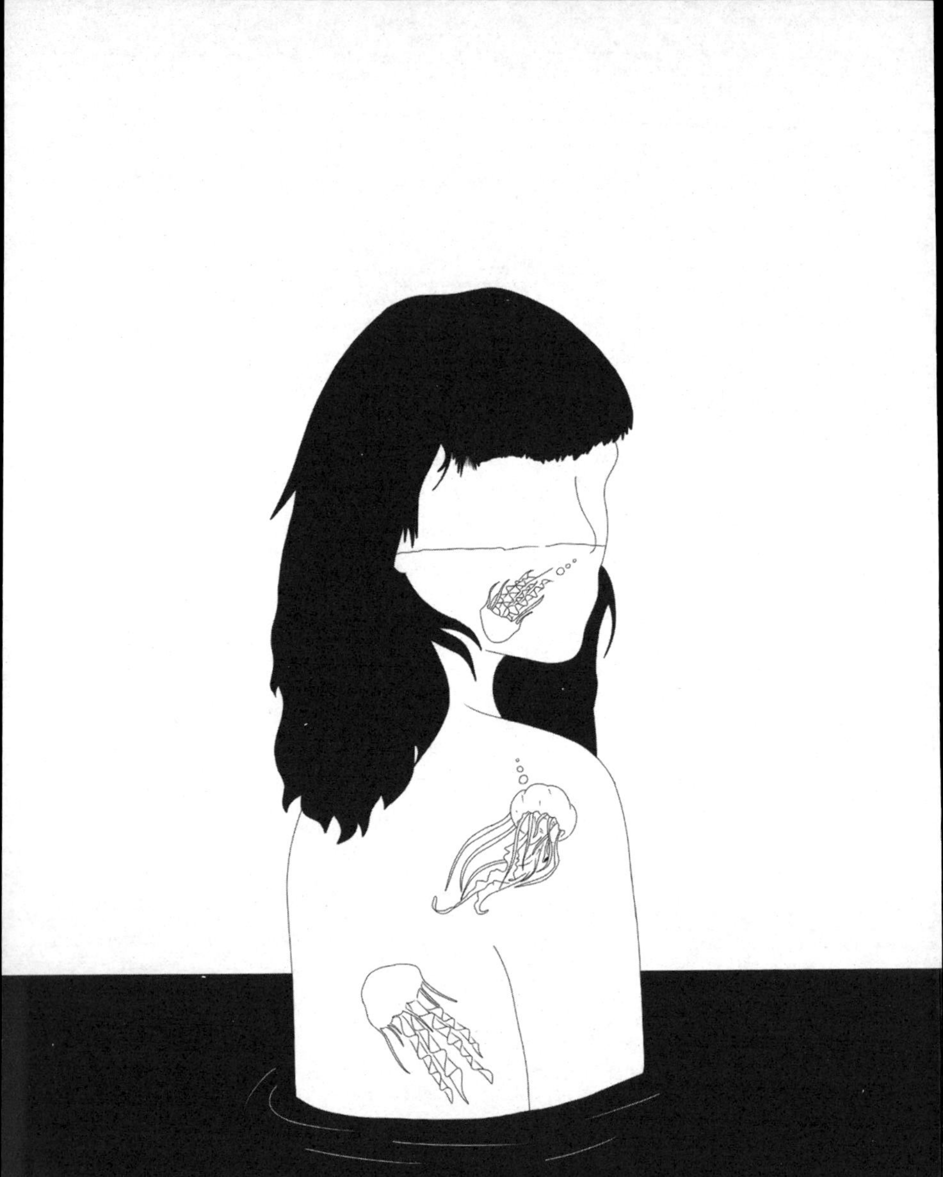

PARA TODAS AS PESSOAS INTENSAS.

sabe qual é a minha maior força
e, ao mesmo tempo, a minha maior fraqueza?
ser intenso.
ser intenso te faz querer viver
ao máximo os momentos,
e às vezes você não entende que são só instantes.

ser intenso te faz se importar demais, não que se importar seja ruim,
mas às vezes eu me importo tanto,
me importo mais do que devia,
e isso acaba comigo.
ser intenso é ser forte,
e, ao mesmo tempo,
perder as forças porque, uma vez ou outra,
as expectativas extrapolam os limites.
e por mais que eu tente dizer pra mim mesmo:

está tudo bem, a tempestade vai passar.

às vezes, eu quem sou a tempestade.

ser intenso é ser profundo demais,
imenso demais, vivo demais,

e hoje em dia, as pessoas têm um medo danado disso.
ser intenso é sentir o gosto,
o cheiro, o toque, a textura da pele
de um jeito diferente.
o coração é grande demais,
e às vezes isso dói também,
é que ao mesmo tempo que há espaço de sobra
há muita gente pequena no mundo.

tenho uma mania absurda de achar
que o outro vai agir da mesma maneira
transparente que eu,
que o outro vai se preocupar comigo
do mesmo modo que me preocupo,
que o outro vai querer
na mesma intensidade que quero,
e isso é uma droga.

não sei ser pouco, não sei gostar um pouquinho e guardar pra
mim o que sinto.
sou intenso, sinto muito, sinto grande.
sinto tanto que sempre acho que o problema
está em mim por sentir demais, quando, na verdade,
as pessoas que não estão prontas
pra tamanha imensidão.

UM TEXTO SOBRE TER CORAGEM DE PARTIR, INDEPENDENTEMENTE DO AMOR QUE AINDA SINTA.

aos 17, no meu primeiro amor, eu pensava que amar era insistir até quando eu mesmo duvidasse, achava que amor era persistir apesar de tudo e nunca desistir mesmo que doesse.
aos 26, declaro que amor é deixar ir, e acredito que a gente também precisa partir por amor (próprio).
algumas pessoas aprenderam bem mais cedo. aos 15, aos 16, aos 20. enfim, essa relação abusiva à qual me refiro durou sete anos, talvez por isso tanto tempo pra cair a ficha e ter coragem de partir. aos 20, ainda que soubesse disso, faltava coragem pra ir. mas cada pessoa tem o seu tempo. e não importa o tempo que passe, o que importa mesmo é a coragem de ir embora.
ainda bem que o tempo passa
e a gente se transforma.
a maturidade faz a gente enxergar
além das nossas vontades,
e então a gente passa a perceber
o quão importante é saber separar
aquilo que queremos do que precisamos realmente.
e às vezes a gente quer tanto manter algo a ponto de não enxergar que não precisa mais manter e que, talvez, a escolha mais sincera seja ir.

você pode não entender agora a razão de alguém amar muito outra pessoa
e, ainda assim, ir embora.
talvez você veja o amor como um ato de permanência,
mas, na verdade, essa é a parte mais conveniente dele;
a difícil, aquela em que não sabemos decifrar a magnitude da dor,
aquela de que todo mundo tem medo,
e com a qual muitos de nós não sabe lidar, é a partida.
e partir é um ato revolucionário do amor.

o amor é sim estadia, concordo.
mas é também retirada.
e tudo bem você achar isso absurdo,
eu também achava, mas aqui escrevo,
sobre mim,
sobre um cara que amou
a ponto de imaginar que jamais iria ter coragem de deixar alguém pra trás.
que amou a ponto de usar todas as forças que tinha
pra manter uma relação de pé,
mas percebeu que amor não é sustentar tudo sozinho.

esse texto é sobre finais, sim, de fato.
mas também é sobre aceitar e seguir os seus próprios passos,
é sobre compreender que nem sempre amar é permanecer,
é sobre ter a capacidade de enxergar o momento de ir embora,
não porque você deixou de amar o outro, mas sim porque você precisa se amar mais.

e tudo bem,
você vai entender o significado do amor quando quiser ficar por amar o outro, e ainda assim precisar ir por amor a si mesmo.

DÓI, MAS PASSA.

dizer que dói mas passa é como dizer: a água é molhada.
é simples demais.
é óbvio demais.
o que ninguém diz pra gente é como a gente diminui a dor,
o que fazemos para suportá-la a cada dia e aprender a lidar com ela.

a verdade é que a gente não vai esquecer.
a gente supera a dor da falta, mas não esquece quem nos proporcionou sensações bonitas e reais.
a gente supera a dor da perda, mas não esquece quem esteve ao nosso lado.
a gente supera a dor do fim, mas não esquece quem partiu, porque o que vivemos faz parte da nossa história, e isso não tem como apagar da memória.

todas as partidas, independentemente da dor que nos causam, nos transformam em pessoas mais resilientes.

provavelmente a pessoa que você se tornou hoje, a personalidade que você construiu e que possivelmente te custou alguns términos e lágrimas, deve-se a quem você já foi um dia, a tudo aquilo que você se submeteu aceitar, a todos os lugares insanos que você insistiu em ocupar e a todas as pessoas que não te acolheram.

tudo isso faz parte de você, entende? você não vai esquecer.
você só aprende a lidar com o fim, porque essa é a única maneira de amenizar suas dores e superá-las. mas até lá, pode doer muito.

você só precisa respeitar as estações que o teu peito vai passar, porque isso faz parte da vida. não menospreze a tua dor, mesmo que as pessoas te digam:

você não precisa chorar por ele.

de fato você não precisa, mas se sentir que precisa chorar, chore! chore pra caramba! chore pra afogar o mundo, chore por você. é importante colocar os sentimentos que não te fazem bem pro lado de fora, você precisa expressar a tua dor porque trancá-la dentro de você só tornará o teu interior mais frio e abarrotado e você sabe, não precisa manter o que não te faz bem.

se não conseguir chorar, ouça uma música que te toca de alguma maneira, que tira os teus pés do chão e te faz querer alcançar o equilíbrio das suas emoções. eu sei, o equilíbrio não virá tão rápido. mas lembre-se de que você precisa respeitar o caminho que você percorre, não tropece nos próprios passos. escreva, vá assistir a um filme, corra um pouco, vai ficar tudo bem.

você precisa colocar essas coisas pra fora.

por fora você tenta ser forte, por dentro você sabe que existem fraquezas por todo o lado. por fora os teus olhos parecem tranquilos, por dentro existem conflitos que só você conhece. Então, tá tudo bem chorar, desmoronar, você não precisa fingir. sinta, expresse, enfrente e aprenda com as suas dores.

aos poucos.

talvez hoje você não consiga respirar direito, amanhã o teu corpo e o teu peito ainda estejam bem cansados. talvez semana que vem você já acorde um pouco melhor. um dia, um passo de cada vez. a dor vai diminuindo.

aprenda a reconhecer o que merece e o que não precisa manter na sua vida. enxergue-se com mais respeito e seriedade. saiba preencher as lacunas da sua vida com seus planos, vá em busca de realizá-los. faça alguma coisa que te faça feliz, por você e pra você.

tenha amor-próprio, acolha-se mais nesses momentos e se culpe menos. por mais defeitos e erros que você tenha (todo mundo tem) saiba gostar de si mesmo da maneira que você é.

você precisa ir embora. o outro também. as relações são um tanto imprevisíveis, entenda isso. e não estou te dizendo que você não deve criar laços. é óbvio que você precisa criar laços, mas entenda que esses laços não precisam se transformar em correntes. porque uma hora o outro vai precisar partir.

não estou te dizendo pra viver as relações sempre preocupado com o término; quero que você saiba amar tanto a si mesmo a ponto de não se maltratar quando alguém, por acaso, razão ou escolha própria, precisar ir embora.

seja autossuficiente para lidar com o fim e
seguir em frente. porque as pessoas vão
embora, da mesma maneira que
você, algum dia, precisará ir
embora de alguém também.
é isso que resta.

entende?

ENTENDA, DESISTIR NÃO É SINÔNIMO DE FRACASSO. ÀS VEZES É SOBRE SER LEAL A VOCÊ, AO QUE VOCÊ SENTE.

Eu sinto falta daquela pessoa disposta
a se apaixonar que eu era.
Não é que não queira mais me apaixonar.
Até quero, mas as pessoas me despertaram o cansaço.

Esse tempo todo sozinho,
aproveitei pra ouvir coisas de mim,
coisas que há tanto tempo
eu não prestava atenção.
E agora parece que o lugar que estou
me acomoda muito melhor que os peitos que ocupei
ou tentei ocupar.

Minha alma pedia paz,
meu corpo pedia calma,
todo o conjunto de quem sou
precisava de mim como nunca precisou antes.
E foi então que eu decidi me abrir
pra me abraçar,
me perdoar

e, o mais importante de tudo,
aprender a me respeitar,
entender os meus limites
porque às vezes insisto em pessoas que não mereço,
e eu preciso saber discernir
o que quero do que realmente preciso.

Hoje,
talvez a maturidade se confunda um pouco com a exigência,
passei a desistir mais das pessoas,
e insistir menos nas relações.
Não é do meu interesse entrar em qualquer
vínculo que me canse.
Porque agora, ter a minha companhia
já é suficiente pra caralho,
e eu só dividiria com outra pessoa
se fosse pra confortar, entende?

Eu não aceito mesmo,
não vou aceitar jogos,
exigências que me afastem de mim mesmo.
Não quero, não quero nada
que me tire a paz que tenho agora,
que me roube o afeto tamanho que construí por mim.
Não desejo, nem mereço
ter algo que sequestre o meu sono
que me traga desequilíbrio emocional
e me faça duvidar da minha capacidade.

Eu não permito, não aceito
não quero, nem à força!,
qualquer sentimento que beire
o apego ou dependência.
Podem me chamar de egoísta,

do que quiserem!
Eu só saio do meu limbo
por alguém que tenha aprendido a amar na vida,
por alguém que, mesmo com os machucados,
saiba sentir sem necessidade alguma de fingir.

Só divido minha companhia com alguém
capaz de apreciar a sua própria.
Só abro esse peito surrado
por alguém tão intenso quanto eu.
Caso contrário, melhor me deixar na minha.

AINDA QUE VOCÊ AME, ÀS VEZES VOCÊ PRECISARÁ PARTIR.

Olha, eu também já amei alguém a ponto de planejar um futuro e, no final das contas, ver esses planos serem jogados no lixo por alguém que dizia me amar também. Eu já amei alguém a ponto de não acreditar no que minhas intuições tentavam me alertar, a ponto de desconsiderar a minha estabilidade emocional em troca de viver ao lado de alguém, só por acreditar que o pouco que me davam era o suficiente pra eu manter aquilo de pé.

Já amei alguém a ponto de perder as minhas noites de sono,
de esquecer que os meus sonhos
independem de quem esteja ao meu lado,
e que eu precisava segurá-los
mas larguei de lado pra viver
o que eu acreditava ser verdadeiro e recíproco.

Já amei alguém
a ponto de sair de casa de madrugada
porque eu não conseguia lidar com a saudade,
com a falta, sendo que a falta que sentia era de mim mesmo.
Até que o "amor" se transformou num pesadelo,
desses que a gente só quer acordar
e ficar em posição fetal esperando que
a sensação de insegurança passe logo.

Eu já amei alguém
a ponto de perder o controle e respeito por mim mesmo.
E quanto mais coisas ruins o outro fazia,
mais eu acreditava nas poucas coisas boas
que ele tinha me feito. E não conseguia partir.

Mas eu já amei alguém
que precisei deixar partir.
Porque percebi que insistir
machucaria mais.
Já amei alguém que me fez
desacreditar no amor,
desconfiar das pessoas,
e, por um momento,
pensar que eu seria incapaz
de reconstruir tudo e redescobrir o amor por mim.

E eu não me arrependo de ter amado
essa pessoa, eu só me arrependo de ter persistido
tanto em um amor que não me cabia.

Eu só posso dizer pra você que vai passar.
Por mais clichê que possa parecer:
preste mais atenção em você,
veja o quão incrível pode ser se perceber.
Você pode amar ainda,
porque você possui a capacidade de amar
e não necessariamente precisa estar acompanhado,
porque se você é suficiente pra amar outra pessoa
por que não a si mesmo?
Quando descobrir que pode sentir por você
o amor que sempre quis dar pra alguém,
você vai perceber o quão mais leve as coisas vão se tornar.

Às vezes a vida te exige muita coragem e maturidade para sair de certas pessoas e seguir sozinho. Não porque você deixou de querer, mas sim porque você precisou partir.
Não tem muito o que fazer, sabe?
Ou você fica e aceita o pouco que te dão,
ou você vai procurar o que te transborda.

PARA QUANDO VOCÊ SE SENTIR SÓ.

Eu não sei o que você está fazendo
neste momento,
talvez esteja presa no trânsito
em alguma parte da cidade,
talvez esteja prestes a dormir,
porém alguns pensamentos tardaram o teu sono.
Talvez você esteja no intervalo do seu trabalho,
do curso, sei lá.
Mas pare um pouco,
qual foi a última vez em que você se ouviu?
Quando foi que você abraçou você
sem sentir vergonha de quem você é?
Quando agradeceu por quem você se tornou?

A vida tem sido corrida, eu sei.
Mas me diz,
qual foi a última vez em que você
conversou consigo mesmo
e enxergou que as suas dores
precisam de você pra se curar?

Quero te dizer que
às vezes você vai se sentir só,
ninguém vai ouvir ou perguntar

o que você sente aí dentro,
ninguém vai se interessar
em organizar a tua bagunça,
em te acolher e te abraçar
se você mesmo não consegue fazer isso.

Você tem sido cruel com o teu peito,
você precisa perdoar
todas as vezes em que se culpou
e se colocou pra baixo
por algo que você tentou que desse certo
mas não deu.
Não deu porque não dependia só
da tua vontade.

Não se autossabote
por ter ficado tempo demais
em algo que não merecia sequer
um segundo da sua dedicação.
Você foi você.
E eu sei que você faria novamente,
então, não precisa se culpar, caramba,
por sentir tanto a ponto de assustar
quem sente tão pouco.

Desprende essas dores pregadas
na parede do teu peito
porque você sabe, isso só te coloca medo
de sentir novamente.
E você não é assim, nunca foi.

Chora o que tiver que chorar,
coloca pra fora o que tiver pra botar,
só não esquece que você é sua casa

e você precisa se cuidar,
cuidar do teu corpo, da tua alma.

Perceba que, ainda que você não saiba pra onde está indo,
só vá, porque apenas estar consigo
faz essa viagem valer a pena.

SOBRE ALGUNS CONSELHOS QUE VOCÊ PRECISA LEVAR PRA VIDA.

1. Nunca, jamais, em hipótese alguma dê ao outro o poder de sair da sua vida quando quiser e voltar quando bem entender. Você não encontrou o seu coração no lixo e a sua vida, obviamente, vale bem mais do que alguém que não te considera.

2. Um dia eu quis tanto alguém a ponto de deixar de me querer. E é aí que a gente sempre erra, achar que precisa mais do outro do que de nós mesmos.

3. Pare de investir o seu tempo, o seu dinheiro, a sua estabilidade emocional em relacionamentos meio bosta. Invista em você! Naquela viagem que você sonha, no curso de línguas que você deseja fazer, na sua própria companhia.

4. Quando algo acabar, ainda que doa, agradeça! Algumas pessoas vão embora pra que melhores cheguem. E você não precisa lamentar por isso.

5. É um erro achar que o outro vai mudar por nós, e assim ficar em uma relação se iludindo, esperando pela mudança que nunca chega. A verdade é que as pessoas mudam sim,

mas mudam quando querem mudar. E você não tem o poder nem a responsabilidade de mudar ninguém.

6. Que você jamais duvide do tamanho de si, que não esqueça de tudo que enfrentou e da pessoa incrível que se tornou. Que você se lembre disso tudo com frequência para que jamais insista no que dói, ou implore por atenção, ou mendigue por amor de ninguém deste mundo.

7. Você é uma pessoa incrível, você é capaz de vencer os seus conflitos internos. Você é bem maior do que suas inseguranças, você é capaz de enfrentar e vencer as batalhas.

EU ME FODO SEMPRE.

sempre que resolvo me entregar.
sempre que assumo a intensidade que sou, porque eu sou assim mesmo, se não for pra transbordar do meu jeito, eu nem vou.
me fodo sempre que abro o meu peito pra alguém conhecer porque eu não enxergo razão pra me trancar pro próximo, mesmo que o peito esteja meio marcado e o corpo bem exausto pelas pessoas que já passaram por mim.

eu sempre me fodo. sempre que digo o que sinto, sempre que faço de tudo pra deixar as coisas bem claras pro outro. sempre que faço valer a pena o momento, sempre que vivo os instantes como precisam ser vividos.

IN-TEN-SA-MEN-TE.

gosto de perceber que algo faz sentido, ainda que seja passageiro, ainda que não fique pelo tempo que eu esperava que ficasse,
ainda que me queira hoje e amanhã já não queira mais.

eu não toco em ninguém por acaso.

mas é incrível como eu sempre me fodo.

sempre que volto pra casa com alguns detalhes sutis do outro em mente.

me fodo tanto que já comecei a acreditar que a vivência tem a sua consequência, e mesmo que eu não esteja preparado pra aguentar algumas despedidas, eu preciso aprender a lidar com o fato de que toda chegada vem com uma partida de brinde e, no final das contas, ninguém vai ficar. a única pessoa que vai ficar comigo pela eternidade sou eu mesmo. sempre tem um jeito de seguir em frente, de se resolver, de se curar, amadurecer, sei lá.

eu me fodo sempre que me aventuro a mergulhar demais, porque nem sempre o outro tem a profundidade que me cabe, às vezes é imenso demais e, ao mesmo tempo, frio demais.
às vezes é só garoa, como ondas fracas nas pontas dos dedos, sabe? e a minha intensidade às vezes não consegue perceber que às vezes é assim, vai ser assim. mesmo que eu queira mergulhar e desbravar o mar que o outro é, algumas pessoas são só pra sentir nas pontas dos dedos.

e, sinceramente, não acho que a culpa seja do outro. na verdade acho que a culpa não é de ninguém. nem de quem foi incapaz de sentir por mim o mesmo que senti, nem de mim por ter sentido demais. por mais que eu me culpe como forma de justificar o fim de alguma coisa, eu sei, a culpa não pode ser de quem sente demais.

eu me fodo porque percebo o outro não somente como mais um, mas como um ser único que passou por mim e eu preciso senti-lo da melhor maneira.

mas tudo bem,
eu sei que querer sentir o outro não vai ser o suficiente.
o outro precisa querer igualmente.

Seja honesto com os seus sentimentos, você não precisa permanecer só porque não consegue dizer "não". Você não deve aceitar posições que não são confortáveis para você só pelo medo de decepcionar alguém.

Você vai precisar partir quando não mais sentir nada.
E tudo bem.

OLHA, VOCÊ NÃO PRECISA SE ARREPENDER POR TER SIDO VOCÊ.

Por ter feito demais, por ter ligado ou enviado mensagens quando não deveria. Você não precisa se culpar por ter sentido saudade, por ter sido tanto pra alguém que foi tão pouco pra você. Tá tudo bem, você foi você. E ponto!

Algumas coisas não vão estar ao seu alcance, não vão depender da sua ação, e às vezes não há absolutamente nada a se fazer a não ser aceitar e seguir em frente. Porque se culpar e fazer drama não vai mudar nada. Algumas dores vão demorar a passar, por mais que tente você não vai conseguir esquecer algumas pessoas, vão acontecer muitos términos, muita gente vai sumir da sua vida. Saiba que às vezes a gente perde, às vezes a gente se machuca, às vezes a gente quer algo, mas não vai ter. E você não precisa se destruir por isso.

Saiba que algumas pessoas vão decepcionar, algumas coisas não vão ser como você esperava que fossem. Aceite os seus fracassos, os tropeços, os finais porque, sim, muitas vezes eles serão inevitáveis. Conviva com os seus medos e use as suas dores como motivos pra você amadurecer e se fortalecer cada vez mais. Jamais se culpe, se apequene, ou se maltrate quando alguma coisa não acontecer da maneira que as suas expectativas sonhavam que acontecesse.

Me diz, o que vai adiantar você se afogar nas suas mágoas?

Recomece. Não se sinta fracassado por ter que recomeçar. Se aceite e se abrace de volta, saiba que se algum ciclo precisou acabar, isso não quer dizer que a relação com você precisa também ter um fim. Muito pelo contrário, você precisa recomeçar. Sozinho. Só você e você.

Saiba ser sutil pra enxergar os detalhes bons e tenha maturidade pra lidar com o fim ainda que ele te desestabilize. Seja capaz de admitir quando não existirem mais razões pra continuar e compreenda que você não precisa se culpar nem dar as mãos às dores que precisam passar. Pois você vai quebrar a cara muitas vezes ainda, você vai conhecer pessoas que sonhará em esquecer, você vai se decepcionar inúmeras vezes, você vai se arrepender de contar os seus segredos. Assim é a vida. A gente só precisa aprender a ser melhor pra nós mesmos cada vez mais, mesmo caindo. Porque no final de tudo, é nos nossos braços que buscamos acolhimento.

Então quando for se martirizar por algo, pergunte pra si mesmo se o que te incomoda está ao teu alcance, se depende somente de você, se você precisa se demolir tanto quando a escolha não foi sua e, principalmente, se vai mudar algo na sua vida. Se a resposta for não, siga em frente. Retire das costas toda responsabilidade que não te pertence, teu ego que pesa o teu peito e te faz insistir e pelejar por coisas que você não merece, de fato.

Simplesmente ligue o foda-se. Você não vai deixar de se importar com as coisas, aprenda a se importar com as coisas mais relevantes. Encare a realidade, aceite os fatos e se acolha mais.

SENTIR SAUDADES NÃO SIGNIFICA QUERER DE VOLTA.

Há um tempo um ex perguntou se eu sentia saudades.
Naquela época eu sentia e minha resposta foi, sim, eu sinto.
Ele então disse: "Por que não voltamos?".
Respondi: "Sinto saudades,
mas isso não significa que eu o queira de volta".

Lembro que ele falou sobre tudo o que passamos,
tentando, de alguma maneira, me convencer a voltar.
Me relembrou as vezes em que me fez sorrir,
como se só tirar um sorriso do meu rosto
fosse o suficiente. Não era, nunca foi.
Ou ao menos, não era mais
Diante de todas as vezes que me fez chorar.
Mas eu não quero me lembrar disso.

A gente precisa entender que
sentir saudades de alguém,
não quer dizer necessariamente
que a gente queira essa pessoa novamente.
Às vezes é só uma lembrança
de algo que ficou, sabe?
Tudo bem lembrar, é inevitável.
E a vida segue, cada um pro seu lado
seguindo o caminho que escolheu.

De vez em quando a saudade reaparece
em uma música que toca no rádio,
um gesto ou mania parecida
em alguém que acabamos de conhecer,
no cheiro do perfume que alguém está usando
e se espalha pelo vagão lotado do metrô,
num lugar, num trecho de algum livro, sei lá.

O meu ex continuou, me enviou uma mensagem no dia seguinte:
"Mas onde foi parar todo aquele nosso amor?".
Lembro que eu disse que ainda estava comigo
e talvez fique até a eternidade,
porque não é como uma foto perdida na galeria do celular
que a gente tem como deletar.
Memórias não se apagam.
o nosso amor anda comigo,
só que dessa vez em um lugar escondido,
no fundo dos meus sentimentos.
Só que agora em forma de lembranças,
as quais eu não quero viver novamente.

Só quero mesmo seguir a vida, sabe?
sem pensar em apagar as minhas memórias
sem deixar de contar as minhas histórias,
sem falar sobre o que um dia eu senti.
E se um dia se transformou em algo ruim,
antes foi bom, e eu prefiro me lembrar dessa parte.

Eu me lembro do estilo de música que você costumava ouvir,
de alguns livros que você nunca leu e ainda ocupavam a sua estante,
dos lugares que você costumava frequentar, do café não muito quente nem muito frio. Mas isso não me faz querer voltar.

Porque já não sou a mesma pessoa de ontem,
imagina se continuaria sendo a mesma
que fui dois anos atrás.
E hoje eu consigo entender,
que a nossa insistência nos levou
a caminhos desagradáveis demais.

Sinto saudades como forma de lembranças boas,
mas não como sinônimo de querer.

E só.

Teu coração é imenso, tua alma é intensa,
tua entrega é inteira e você não merece
nada nem ninguém que seja menor do que isso.

VOCÊ É AMADO.

talvez você seja amado por alguém que está do seu lado agora. por aquela pessoa que te beija e assiste aos filmes com você debaixo do edredom. que te marca em publicações engraçadas no facebook, ou que te apresenta tantas músicas e bandas legais.

mas existem pessoas que não possuem isso na vida. se você possui, isso é realmente incrível. mas se você não possui, não significa que você não seja amado, isso não quer dizer que você não seja capaz de sentir o amor.

acredite ou não, o amor está em todo lugar. ele esbarra em você de formas, maneiras e em lugares diferentes. ele aparece quando você menos espera. então acredite, não precisa procurar, talvez ele esteja mais perto do que você imagina.

mesmo quando você pensa em desistir, mesmo quando você está machucado e aborrecido pelas relações em que se envolve.

calma, o amor irá te encontrar.

talvez seja através das ondas do mar tocando os seus pés, ou do seu amigo enviando um áudio engraçado, ou do seu felino te pedindo carinho ainda que você esteja exausto, do seu cachorro correndo pros seus braços e lambendo o seu rosto mesmo quando faz somente quinze minutos que você saiu de casa. ou talvez apenas por parar um pouco e ler um livro que sempre esteve na sua prateleira e você não notava, ou olhar a lua por um tempo.

talvez através daquela aceleração repentina do seu coração por conta de alguma conquista incrivelmente importante pra ti. um trabalho, um curso, a viagem dos sonhos. talvez através de você e de tudo o que carrega dentro de si que faz você ser quem é.

o fato é que o amor sempre vai estar em algum lugar que você só não percebe se estiver olhando pro lado errado e mantendo toda a sua atenção em algo que não merece, de fato.

apenas lembre-se de que você é amado.
você é amor.

VOCÊ NÃO SE TORNA INCAPAZ POR TER SE ENTREGADO EM UMA RELAÇÃO E NO FINAL ELA TER ACABADO.

dia desses recebi uma mensagem de um leitor,
pedindo desesperadamente um conselho.

ele dizia que não sabia o que fazer depois que a pessoa por quem se apaixonou decidiu ir embora.
pra ser mais exato, na mensagem estava escrito:
"sempre vivo a mesma história, o mesmo filme,
sou sempre abandonado por sentir muito,
por sentir demais, por ser tão intenso e inteiro.
por que as pessoas me deixam?
tenho vontade de ir até ele, ajoelhar
e implorar pra que fique".

neste momento, senti que eu precisava
responder aquela mensagem da forma mais direta possível,
como um soco em forma de palavras. porque às vezes
é disso que a gente precisa pra acordar e se enxergar.

e então escrevi:
"o meu conselho é pra que você pare um pouco e escute,

mesmo que ainda doa, você mesmo!
olhe pra você e veja
o que você está fazendo com o amor
que deveria ter por você neste momento?

em hipótese alguma você deve implorar
pra que alguém permaneça contigo,
você não precisa fazer com que o outro te enxergue
porque se o outro não consegue,
não tem como mudar isso e pronto.
o que te resta é aceitar.

eu sei o quão difícil é ver o outro partir de você
mas se coloque no lugar da outra pessoa
e se pergunte:
você seria capaz de ficar com alguém
ou em algo mesmo sem querer?
com certeza a sua resposta seria não.

então aprenda a aceitar também quando alguém não quiser ficar.

resta compreender, ainda que a dor seja avassaladora,
que seria injusto o outro ficar só por você,
só pelo que você ainda sente.
e isso é um tanto egoísta também.
eu sei que dói, que cansa se envolver e sempre ter que lidar com a partida do outro, mas ninguém é obrigado a permanecer, como você também não é.

ele te disse que estava indo,
ele conversou com você.
ele assumiu a responsabilidade de ter se envolvido com você
e ter te feito se apaixonar por ele.

isso é o mínimo que alguém pode fazer pelo outro quando
estiver indo embora. ser responsável. e ele foi.
e mesmo que não fosse, ainda assim,
restaria aceitar.
ainda que tenha sido lindo, ainda que tenha sido intenso,
reconheça que acabou e guarde o que ficou.

a parte do outro foi partir.
a sua parte é seguir em frente.
é recolher, seguir o seu caminho,
aprender a lidar com a falta
e entender que as pessoas vêm, as pessoas vão,
isso é inevitável.
a gente não precisa se culpar por isso,
nem culpar o outro por isso.
nem achar que o motivo disso tudo
acontecer é por ser intenso.
inclusive porque podemos
ser tão intensos quanto racionais.
esse é o momento de você recolher as suas emoções que tanto
te confundem agora e seguir a sua razão.

se você é tão intenso e inteiro,
que você saiba reconhecer a sua intensidade
e valorizar a sua completude também,
para jamais implorar permanência de alguém na sua vida.

aceitar. essa palavra dói, eu sei.
mas é sobre ela que você precisa entender".

É importante você ter a consciência
do seu tamanho,
de todas as suas qualidades,
de tudo aquilo que você não deve manter
nem tolerar na sua vida.

E a partir dessa consciência, aprender a ter coragem de dizer:
"não quero mais", "tô caindo fora", "adeus".

RELAXA. AS DECEPÇÕES VÃO TE TRANSFORMAR EM ALGUÉM QUE VOCÊ TERÁ ORGULHO DE SER.

outro dia, em meio a uma festa com amigos esbarrei com um ex.
o ex que me traiu logo após ter me pedido em namoro.
um namoro que durou acho que uns onze dias,
talvez até menos.
o ex que me chamou de louco quando descobri a traição
e, perdão pela expressão, mandei ele se foder.
o ex que escondeu a traição dos amigos
e contou pra eles que tinha acabado porque, simplesmente,
não estava mais afim.
o ex que olhou nos meus olhos e
me convenceu de que havia amor quando, na verdade,
não passava de carência.
o ex que poderia ter escolhido permanecer solteiro
e ficar com quem tivesse vontade,
mas preferiu entrar em uma relação
e ter o prazer de trair.

lembro que quando descobri tudo,
só consegui enviar uma mensagem dizendo: "foda-se!".
depois disso não nos falamos mais.
agora, depois de quase quatro anos

ele reaparece no mesmo lugar que eu,
me encara,
percebe o quanto estou bem,
toma coragem de se aproximar
e soltar um: "oi, tudo bem?".
na hora, quando percebi que era ele,
senti um leve impulso que me tirou um sorriso largo,
enquanto eu respondia: "tudo maravilhosamente bem!".
peguei meu copo de cerveja,
tomei,
e segui o meu caminho.
pra mim, era como um desconhecido que eu não tinha o mínimo interesse em conhecer ou conversar.
moral da história:
que sensação incrível quando você olha pra aquela pessoa que te machucou e não consegue sentir nada,
nem raiva nem rancor.
é um tipo de indiferença.
você não sente mais amor,
aquilo não te fere mais.
aquilo não te tira do sério,
não te causa absolutamente nada.
você olha pra quem um dia foi a tua dor,
e até abre aquele sorriso no rosto por perceber o quão imenso é você e entender quem foi que perdeu nessa história toda.
a vida segue.
e segue lindamente.

A gente supera quando para de doer.
O motivo da dor pode ainda existir, de vez em quando a gente lembra porque não tem como esquecer.
Mas essa lembrança não dói mais.

E é isso, superar é seguir em frente.

EU JURAVA QUE VOCÊ QUERIA FICAR.

você me fez acreditar que finalmente
eu havia encontrado alguém que ficaria.
parecia que você queria ficar,
e foi por isso que eu comecei a pensar
na possibilidade de ficar também.
no começo eu tive medo, confesso,
mas era como se a sua presença,
cada vez mais, me fizesse ter coragem, sabe?
os momentos não eram só momentos,
parecia que a gente se procurava há tanto tempo
que finalmente nos encontramos.
parece exagero falar assim, eu sei.
mas o teu toque era como se me quisesse
sempre por perto.
tua boca falava tantas coisas boas de ouvir,
eram tantos assuntos que se pudéssemos
viraríamos um dia inteiro conversando bobagens.
teus olhos encaravam os meus,
às vezes fitavam os meus lábios enquanto eu falava.
eu percebia isso enquanto minha mente
me pedia pra te beijar,
mas a minha timidez me bloqueava.
e no meio de tantas palavras,
quando o silêncio chegava,

não demorava muito pra você me dizer o que em mim te agradava.
eu ficava sem graça, claro.
juro, parecia que você queria ficar.

eu sei que os gostos em comum,
as vontades parecidas,
e os nossos planos bem iguais,
tudo isso não era o suficiente pra que você continuasse.
no fundo eu sempre soube
que você poderia ir embora a qualquer momento.
só esqueci de me preparar pra isso.
e eu tentei, por várias vezes,
não pensar na possibilidade de te ter,
porque toda vez que penso em mergulhar em alguém
acabo quebrando a cara de tão raso,
ou remando sozinha de volta pra terra firme.
sou um desastre, intensa demais.
e esse sempre foi o meu medo,
de te conhecer, despertar o interesse em ficar,
e de repente, você dizer pra mim: melhor acabar.
mas você não me deu medo,
porque parecia que você queria ficar.
quando pensava em não te enviar
mais mensagem, você enviava.
quando não tinha mais assunto pra conversar,
você aparecia com algo novo pra me dizer, uma música, uma viagem, uma história engraçada.
você dizia que eu te fazia bem,
e você me fez bem também,
mas juro, parecia que você queria ficar.

sei lá se a culpa foi das minhas expectativas, mas veja bem, por mais que eu não quisesse, você me fez querer. e quando eu quis, você foi embora. não entendo tudo isso, mas aceito. eu jurava que você queria ficar.

A GENTE NÃO TEM CONTROLE SOBRE A PARTIDA DO OUTRO. A GENTE SÓ ACEITA E APRENDE A LIDAR COM ISSO.

um dia alguém vai te pedir pra deixar rolar,
e no primeiro momento,
essa frase vai soar como algo doce e leve,
você vai acreditar que isso não vai te machucar,
até que de repente,
você se vê um passo à frente do outro.
você começa a sentir que está se envolvendo
mais do que deveria,
começa a perceber que os seus sentimentos
parecem querer fugir de você,
mas você insiste em deixar rolar,
porque deixar as coisas rolarem
parece despretensioso demais,
e isso talvez seja o que você esteja precisando no momento.
algo sem cobrança, sem que você precise dar satisfação
ou perca o seu tempo tentando esclarecer algumas coisas.

mas é justamente essa *despretensiosidade*
que vai te dar uma rasteira e sumir com aquela pessoa da tua vida.
assim mesmo, de uma hora pra outra.
e provavelmente isso vai doer.

um dia alguém vai ser o motivo do teu sorriso de canto,
daqueles segundos que você
se pega intacto enquanto admira o jeito
que ele arruma o cabelo.
um dia alguém vai ser a razão
pela qual você dorme tranquilo.
até que esse alguém some
e se torna o motivo pelo qual você
não consegue dormir direito.

um dia alguém vai apresentar você aos pais,
à tia que faz crochê, ao cachorro
e até mesmo ao papagaio,
vai dormir no teu colo numa tarde de domingo,
talvez bata o cotovelo no teu rosto
em alguma posição durante o sexo,
e até te dê um abraço daqueles,
como se tivesse te dizendo:
"por favor, não desista de mim".

até que essa pessoa some da tua vida,
te deixa sem respostas e te encontra em algum desses bares
espalhados pela cidade como se vocês não tivessem tido absolutamente nada.
um dia alguém vai te dizer: "deixa rolar".
até que você percebe que se envolveu demais,
fica sem saber o momento de sair fora e, óbvio, se fode.
eu costumo dizer que todas as relações,
até as mais rasas
e essas que acontecem mas acabam
como se nunca tivessem acontecido,
nos ensinam alguma coisa.
a gente aprende que deixar rolar
talvez não seja uma boa escolha,

porque, no final das contas, as coisas
rolam tanto que acabam se distanciando,
e a gente nunca tem controle sobre isso.

Tenho um mantra que carrego comigo
e levo muito a sério:
"por mais que eu goste, por mais que eu ame,
se não me faz bem será necessário partir".

Eu prefiro sentir a dor da partida e amadurecer com isso, a me acostumar com a dor de permanecer em algo ruim.

VAI SER DIFÍCIL, ÀS VEZES PARECE IMPOSSÍVEL DE SUPORTAR. MAS NÃO DESISTA.

Você tem que excluir ele das redes sociais
mas não adianta muito tentar esquecer
se você não estiver disposta a tirá-lo da sua vida.

Você precisa dizer pra si mesma,
quantas vezes forem necessárias,
não importa o quanto a saudade doa:
eu não mereço pouco.
Você precisa acreditar que não merece pouco
e encontrar dentro de você
todas as qualidades que você possui,
todos os planos e sonhos que carrega,
você tem que seguir pra realizá-los.

Você precisa acordar com mais coragem.
coragem pra esquivar da saudade,
arquivar as lembranças
e ignorar todas as notificações dele.
Coragem pra encarar a vida lá fora,
pra saber que o teu mundo é imenso demais,
e ele não tem mais o privilégio pra ocupá-lo.

Você precisa abrir a tela do teu celular,
e quando vier aquela vontade de *stalkear*,
você precisa mandar ela para o outro lado do mundo;
você tem que deixar o tempo passar,
parar de correr em busca de alguém que dói,
entender que não vale a pena sofrer
por ninguém nesse mundo,
e que o amor não foi feito pra doer,
foi feito pra curar.
Você precisa parar de se importar
quando ele estiver on-line,
quando vocês se esbarrarem por aí,
ou quando alguém perguntar: "mas por que acabaram?".
Diga que acabou, e fim.
Um dia a dor vai passar,
um dia a saudade se torna poeira
o apego se torna besteira,
e essa história toda fica pra trás.

NÃO DEVEMOS NOS CULPAR PELAS ESCOLHAS DO OUTRO.

Acho que só consegui ficar tanto tempo ao teu lado pelo fato de ter me projetado em você,
por ter achado que você faria por mim
tudo o que eu estava disposto a fazer por ti.
Por ter acreditado que você queria
da mesma maneira que eu pensei em ficar,
por pensar que você gostaria de mim
na mesma intensidade que eu gostei de você.
Mas as coisas não são assim, eu sei.

O fato é que eu pensei que fosse recíproco,
pensei que todo aquele amor que você dizia sentir,
todo aquele brilho nos teus olhos quando você falava de mim,
e que aqueles sorrisos ao meu lado,
significassem alguma coisa.
Pensei que gostar de você pra caramba
te faria gostar de mim na mesma intensidade.
E foi aí que desandou tudo.
Eu sei bem que as pessoas são livres,
que a qualquer momento podem ir embora da vida da gente,
mas a gente não quer que o outro vá,
quando a gente está disposto a ficar.
E eu queria ficar, sei lá,
talvez por mais uns dias, semanas, meses.

Por mais que a gente saiba que
tudo pode acabar em um estalar de dedos,
a gente não se prepara pro fim.
E foi aí que doeu tudo.

Mais eu aprendi uma coisa:
a gente não pode achar que o outro
carrega a mesma vontade que carregamos.
Cada um carrega a vontade que suporta
e a gente não deve se culpar porque o outro decidiu ir.
Se escolheu ir embora,
por mais que doa, tá tudo bem.
Por mais que a sensação de vazio fique, vai passar.
Por mais que pareça faltar algo, o baile segue.

promete (não pra mim nem pra ninguém)
mas promete pra si mesmo.
que vai olhar mais pra você,
que vai, a partir de agora,
mergulhar ainda mais aí dentro
e se for necessário, ficar por um tempo.
e perceber
mesmo em meio a toda bagunça,
o quão incrível você é.

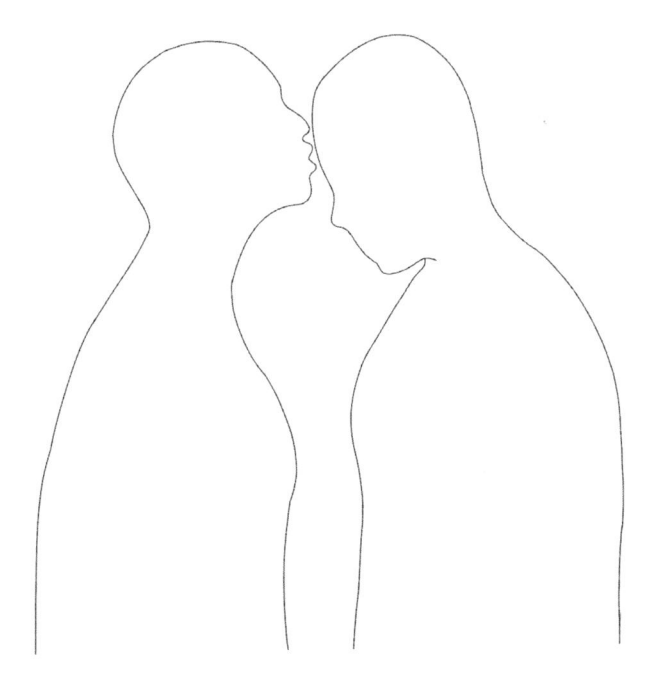

VOCÊ NÃO PRECISA NEM DEVE MANTER QUEM NÃO QUER FICAR NA SUA VIDA.

Quando alguém quiser sair da sua vida, dê passagem pra essa pessoa ir embora.
Talvez a saudade incomode um pouco, mas logo essa pessoa não fará mais falta.

Quando alguém ameaçar ir embora,
permita que vá, de uma vez por todas.
Entenda que é melhor ficar somente quem
faz questão de estar ao teu lado.
Quando alguém te disser: "acabou!",
tudo bem, você não precisa implorar pra que fique,
muito menos deixar a porta entreaberta na esperança
de que um dia volte pra você.
Aceite que os finais acontecem.
Deixe um aviso na entrada do teu peito: "quem saiu por escolha própria
não entra mais por amor-próprio".
Quando alguém, um dia, se arrepender
de ter saído da sua vida e voltar atrás,
será tarde demais.

Quando alguém quiser ir embora,
não espere esse alguém voltar

e te pedir mais uma chance
quando a maior chance que você deu
foi de ficar em sua vida e essa pessoa
simplesmente preferiu ir.
Disse que estava confuso,
que o problema não era você, era com ele,
que não estava pronto pra nenhuma relação agora,
que precisava pensar um pouco, e te pediu tempo.
Um tempo pra sumir da sua vida!
Portanto, não espere!
Não espere uma pessoa que saiu por aí,
conheceu novas pessoas, buscou opções melhores
e quando percebeu que ninguém parecia melhor do que você,
voltou com a cara mais lavada do mundo
batendo na tua porta.

Não abra!

Não espere por alguém que escolheu ir embora
que te conhecer, mas quando percebeu
que a sua escolha foi uma merda,
voltou a te mandar mensagem falando em saudade?
Não espere por alguém que deixou as suas mensagens pra depois, aos poucos foi sumindo dos teus contatos,
te tratou como estepe, te enfiou na geladeira pra te
tirar de lá quando batesse a carência,
e como se nada tivesse acontecido,
dia desses, te ligou pra saber como você estava.
Não atenda!

Pense assim:
Se quiser ficar, fique pra me fazer rir,
pra acreditar em mim, pra me tirar da rotina.

Também se quiser ir, boa sorte,
não estou aqui pra implorar que ninguém permaneça comigo.

Se não quer, segue o baile.

AINDA QUE ALGUNS FINAIS TE DILACEREM, LEMBRE-SE DE QUE VOCÊ POSSUI UMA VIDA ALÉM DAS RELAÇÕES.

Quantas vezes você vai permitir que pessoas vazias entrem na sua vida pra você entender, de uma vez por todas, o seu valor? Quantas vezes você vai jogar a sua intensidade em amores meia-boca, ou por quanto tempo você ainda vai carregar uma mentira no peito só por medo de não conseguir seguir em frente sozinha?
Por quantas vezes você vai correr atrás de quem não soma na sua vida, insistir em quem não te quer ou persistir em algo que não te deixa ser livre pra que você seja quem você é?
Até quando você vai permitir estar na gaiola de alguém, se acostumando com a vista do lado de dentro, sem ter a liberdade de tocar e sentir a paisagem do lado de fora e achar que isso é cuidado?

Até quando você vai se acostumar com tão pouco, aceitando migalhas e pensando que é tudo de que você precisa, distorcendo o amor e acreditando que essa ferida, na verdade, é por ser intensa demais?

Tudo bem, ser intensa machuca às vezes, concordo.

Mas você não pode, nem deve
se acostumar com a dor e achar que
a dor é consequência do amor.
Amar não é sobre machucar,
não é sobre os joguinhos emocionais
que ele faz pra te manter por perto,
não é sobre o ciúme excessivo
que ele justifica dizendo ser preocupação demais.
Não é sobre a insegurança que ele tem
por enxergar que você é foda demais pra ele,
e assim diminuir um pouco o seu tamanho
pra que as pessoas não te enxerguem maior.

Você não merece nada nem ninguém
que te afaste dos seus planos pessoais,
que te isole do mundo, ou que te diminua.
Entenda que por mais que você esteja com alguém,
a sua estrada é única,
estar com alguém não dá ao outro
o direito de intervir no seu caminho,
de mudar a sua rota, de alterar a sua viagem.
A sua bagagem é diferente da do outro,
por isso, jamais ignore o fato de que você possui
uma vida além de uma relação.

ACEITE QUE OS FINAIS ACONTECEM.

Você vai perder pessoas importantes ao longo da sua vida e não haverá nada que você possa fazer pra evitar isso.
Algumas pessoas vão fugir de você
por medo de se envolver,
e por muitas vezes esse será o seu medo também.
Talvez aconteça de em algum momento alguém te fazer acreditar que vai dar certo, vai te tirar esse receio
e quando você mergulhar de corpo e alma,
esse alguém vai sumir da sua vida
como se nunca tivesse entrado.

O tempo vai passar e você vai mudar um pouco,
de tamanho, de gostos, de sonhos,
isso vai fazer com que você entenda que a sua grandeza precisa de coisas maiores e mais intensas, pessoas pequenas e rasas demais não terão mais espaços na sua vida, ficarão pra trás.
Tenho acreditado que o melhor pra mim
é deixar que a vida me conduza,
aceitar que as relações não dependem só de mim
e, por esse motivo, eu não preciso me culpar.
Por muito tempo eu não soube lidar com os finais,
a ideia de que hoje alguém está na sua vida e amanhã pode não estar mais não me descia na garganta.
E esse sempre foi o grande problema:
não aceitar o fim e insistir nas coisas mesmo sozinho.

Aceitar que os finais acontecem
não quer dizer que não me doa mais.

Dói pra caramba às vezes,
mas eu acredito fielmente que a vida me guarda coisas melhores lá na frente.
Se guarda ou não, não tenho tanta certeza assim,
mas acreditar nisso me fez lidar melhor com as perdas
e reconhecer o conforto no meu interior.

Não perca o seu tempo tentando entender o motivo pelo qual o outro sumiu, não te respondeu, ou fugiu. Você não merece se culpar pelas decisões do outro, muito menos ir atrás em busca de alguma explicação.

A explicação é: acabou!
Só você insiste em não ver! Se conforme e ponto.

PREFIRO SER INTENSO E APRENDER A LIDAR COM AS CONSEQUÊNCIAS DISSO DO QUE VIVER TODO MOMENTO ME ESQUIVANDO DE QUEM SOU E DO QUE SINTO SÓ POR MEDO DO OUTRO. QUEM É INTENSO NÃO TEM MEDO DO OUTRO, PORQUE INTENSOS JÁ CONVIVEM COM O GOSTO DO PERIGO. O PERIGO ESTÁ DO LADO DE DENTRO.

Sempre fui essa pessoa intensa,
que odeia perder tempo fazendo joguinhos, sabe?
Nunca gostei de fingir que não sinto tanto,
quando, por dentro de mim, está tudo saltando.
Nunca consegui esconder o que está se passando
no meu interior porque sempre que finjo desapego,
a porra do meu peito acelera de saudade e a barriga congela
como se precisasse de calor.

Antes que você fale em carência,
desculpa, mas eu conheço a minha essência e não perderia o meu tempo colocando pessoas
na minha vida se não fosse por alguma razão.
Sempre fui essa pessoa que escolhe botar tudo pra fora, porque acho que trancar os sentimentos dentro de mim não vai me levar a lugar algum.

Tudo bem que às vezes, só às vezes, tive medo de falar demais,
amar demais, mergulhar demais,
e, no final das contas, não ser suficiente.
Mas assumo os riscos de ser intenso, e só vou.
Se eu sinto falta, eu falo.
Se eu quero, eu digo.
Se estou gostando, demonstro que quero ficar.

E se não quero mais, antes de ir embora, eu deixo a minha despedida.
Não vou ser quem foge sem dizer uma palavra
Não vou ser quem some sem sequer dar um adeus.
A minha essência não permite tratar as pessoas como um produto que deixou de ser útil.
Se eu puder dizer que estou pulando do barco, eu digo e, mais do que isso, ajudo a ancorar se for preciso.
Às vezes a minha intuição diz que vou me dar mal, mas teimoso que sou, insisto até o fim.
Muitas vezes não se importam comigo, mas paciência,
nem todo mundo vai ser abrigo.
Apanhar nunca foi o meu medo, eu tenho medo de me tornar alguém insensível a ponto de não sentir mais nada.
Vou ser sempre aquela pessoa que mergulha de corpo inteiro,
e, se em algum momento me afogar,
não tem problema,
volto pra terra firme até criar coragem pra entrar no mar de novo.

Eu já insisti em alguém e isso me custou insônia, crises de ansiedade, desequilíbrio emocional, lágrimas, dores de cabeça, alterações no humor, insegurança, baixa autoestima.

E daí eu te pergunto, insistir em alguém vale mesmo a pena?

Ninguém deve valer mais que a tua saúde!

SOBRE ALGUMAS VERDADES QUE VOCÊ PRECISA LER:

1. Se a outra pessoa diz que te quer, mas ao mesmo tempo age como se não quisesse, fuja o mais rápido possível para o lugar mais longe que puder, porque esse é um aviso antecipado de que se você continuar nisso e se envolver ainda mais, você vai acabar se machucando.

2. Se a vontade do outro for de ir embora, para que insistir, para que se desgastar pedindo que fique? Deixa essa porra ir.

3. Na vida você vai se decepcionar uma, duas, várias vezes. Vai achar que o teu dedo é podre, mas depois você entende que podres mesmo são algumas pessoas.

4. Tem gente que não tem o menor interesse em permanecer na sua vida, mas vai insistir em ser presente nos momentos que se sente carente e sozinho. Faça um favor a você mesma. Mande se foder!

5. Para o seu próprio bem, não construa paranoias. Às vezes a gente acaba pensando demais e se culpando porque as pessoas não agem como agiríamos. Mas caramba, você não pode se autossabotar dessa forma. O outro talvez nunca tenha a mesma atitude que a sua e tudo bem.

6. Jamais permaneça em algo ruim só porque você ainda acredita que esse algo um dia vai melhorar. Não se acostume com o que te machuca.

7. Provavelmente aquela pessoa que te machucou e te confundiu, surgirá do nada na tua vida quando você estiver bem. Ligue o foda-se!

8. Toda vez que você achar que precisa de alguém para se sentir completa, dê três tapas na sua cara porque você deve estar ficando louca.

9. Quando o teu passado te ligar ou te mandar mensagens, não atenda nem responda. Ele não tem nada de interessante e novo para te oferecer.

10. Não aceite ser o tapa-buraco de ninguém neste mundo. Você não merece quem só te procura quando se sente só.

CUIDE-SE. TOME UM TEMPO PRA VOCÊ.

Eu preciso de mais tempo só pra mim. E você também precisa! Acho que este ano foi um dos mais intensos e incríveis que já vivi, mas ao mesmo tempo, foi o ano que mais me consumiu.

E agora, sinto uma necessidade infinda de cuidar de mim.
De estar comigo e ouvir os meus anseios, de parar um pouco toda essa correria e refletir sobre as coisas que pretendo alcançar,
de entender as minhas prioridades
e parar de priorizar coisas que não somam na minha vida.

Se eu pudesse lhe dar um conselho,
esse conselho seria:
dê tempo pra você,
tá tudo bem parar um pouco pra respirar,
tá tudo bem você perder o ritmo de vez em quando e conversar consigo mesmo, tá tudo bem você descansar enquanto todo mundo pede pressa, você também precisa de você.
Esteja com você,
converse com você,
você precisa parar de ouvir um pouco as pessoas
e começar ouvir a si mesmo.

Esses dias eu parei pra pensar sobre as minhas prioridades,
os meus planos,
e pude enxergar o quanto
eu precisava me dar as mãos,
abraçar eu mesmo e me acolher por um tempo;
é como se eu tivesse nadado, nadado, nadado pra caramba o ano inteiro, e, agora, tivesse parado no meio do mar e dissesse pra mim mesmo:
"eu preciso voltar pra areia pra poder respirar um pouquinho".

Esse texto aqui é pra te dizer o óbvio:
Você também precisa tirar um tempo pra você.
Sair por aí, tomar um sorvete
ou ver uma exposição sozinho,
fazer uma maratona de filmes de que
você abriu mão o ano todo por conta das suas obrigações diárias. Sentir a areia da praia entre os seus dedos,
focar nos planos e sonhos que você
deixou um pouco de lado porque a
rotina te massacrou.
Ser voluntário de algum projeto
social, viajar, fazer um mochilão e
conhecer outros lugares,
novas praias, tomar banho de
chuva, de mar, de cachoeira.
E talvez chorar um pouco,
por que não?

Eu sinto que preciso respirar.
Respirar para o amor,
respirar pra rotina alguma me
afastar dos meus objetivos,
respirar pra não tropeçar nos
meus próprios passos,

e entender que as coisas vão acontecer no seu tempo.
Respirar pra ser livre e ter mais tempo comigo.
E principalmente, entender que
eu não posso salvar todo mundo,
que às vezes eu preciso salvar a mim.

Por mais que eu goste, por mais que eu ame, se não for recíproco, desculpa. Mas eu prefiro ficar em casa colocando minhas séries em dia e poupando minha estabilidade emocional.

NÃO SE CULPE TANTO.

Você tem cobrado muito de você mesmo, talvez você não tenha percebido, mas todas as vezes em que deveria dizer pra si mesmo: "tá tudo bem", você se autossabotou.
Você se culpou porque alguém foi embora,
você se culpou porque alguém te deixou sem respostas,
você carregou nas costas um peso de algo que não somava mais na sua vida
só porque você não conseguia entender sobre as partidas.

Você tem sido muito duro com você mesmo, e todas as vezes em que você poderia se abraçar e acreditar que tudo iria passar,
você se bateu ainda mais.
Quantas vezes você tentou encontrar em si mesmo
uma resposta pra explicar
a fuga de alguém que você amou,
e no final das contas você percebeu
que às vezes não importa quanto amor você carregue
no peito, não importa o quão disposto você está pra amar alguém,
é preciso que esse alguém também esteja,
porque uma vez ou outra
alguém vai embora sem te dizer o porquê.
E eu sei que é difícil aprender,
mas é necessário entender que
ninguém é obrigado a ficar

e a gente não precisa se culpar por isso.

Você pode escolher não se culpar tanto,
a partir do ano que vem,
ou melhor, você pode escolher isso hoje.
Neste momento.
Não precisa ser uma segunda-feira, num final de semana, ou num novo ano
para você começar a cuidar do que você carrega dentro de si.
Se culpar não faz bem pra alma, sabe?
Melhor entender que os finais acontecem,
que você precisa se reinventar a cada despedida,
e não estou dizendo que seja fácil, porque às vezes não é.
às vezes é difícil pra caramba.
Mas você precisa aceitar o fato de que:
pessoas vêm, pessoas vão,
pessoas vão bagunçar você por completo,
pessoas vão chegar apenas com o propósito de cuidar
e depois vão embora.

Aprenda a admirar a vida
e encarar a verdade dos finais
porque você não merece parar no meio do caminho,
você não nasceu pra se prender aos términos,
você nasceu pra ser liberdade.

ACEITE QUE AS COISAS NÃO DEPENDEM SÓ DE VOCÊ. ÀS VEZES NÃO É SOBRE O QUANTO VOCÊ SE DEDICA NA RELAÇÃO, É SOBRE O QUANTO O OUTRO ESTÁ DISPOSTO A SE DEDICAR COM VOCÊ.

Faça um favor a você mesmo:
Aceite!
Aceite que o outro não vai sentir, querer, falar ou demonstrar na mesma intensidade, frequência e transparência que você. E, principalmente, não se culpe quando as coisas não acontecerem da maneira que você pensou que aconteceriam.
Aceite que às vezes o outro não vai te dizer
quando estiver caindo fora.
Outras vezes você vai tentar encontrar respostas
pra explicar a fuga de alguém do teu peito,
mas entenda, se alguém foi embora
por escolha própria,
é porque não existem motivos
para que esse alguém permaneça ao teu lado.
Apesar da confusão, você deveria agradecer.

Apesar da bagunça que ficou,
aceite o silêncio e a fuga do outro como resposta.
Algumas vezes você vai tentar por dois,
você vai querer insistir sozinho em algo que não faz mais sentido só porque o sentimento de que você falhou não te deixa ir embora em paz.
Mas perceba, você tentou.
Aceite que as coisas não dependem só de você,
amar tem que ser recíproco.

Talvez alguém suma da sua vida,
depois de uma sequência de instantes memoráveis,
talvez alguém se afaste de você mesmo depois de tantos encontros extraordinários,
mesmo depois de uma conexão que há tempos ninguém despertava em você.
Entenda que a liberdade do outro,
por mais admirável que possa ser,
inevitavelmente poderá te machucar.

Aceite que as pessoas não precisam ficar ao teu lado se não quiserem,
e, desculpa a sinceridade,
mas você vai precisar aceitar que algumas pessoas
– talvez a maioria delas –
vão sumir sem prestar socorro,
vão pular fora sem te deixar um aviso,
vão fugir de algo e não vão te deixar sequer um "foi bom te conhecer". Aceite que você precisará eliminar suas expectativas, será necessário.
Quando isso acontecer, aceite se doer
mas em hipótese alguma se culpe pelas escolhas do outro.
Por fim, aceite que, apesar de tudo, a sua companhia será incomparavelmente a melhor que você pode ter.

Que tal parar de insistir em ser o amor da vida de alguém e, primeiramente, você mesmo ser o amor da sua vida?

Ei, ninguém viu as noites de sono que você perdeu,
ninguém sabe o peso das coisas que você carrega,
nem de todas as vezes que pensou em desistir e,
mesmo assim, seguiu em frente.

Ninguém sente as dores que você sentiu.
Portanto, ninguém pode opinar sobre
a sua vida, só você.

NÃO FUJA DAS RELAÇÕES PELO MEDO DE SE MACHUCAR.

Não há problema algum em se mostrar demais, sabe?
Eu sei que o teu passado te deixou com certo medo de se importar.
Talvez as relações complicadas em que você se envolveu tenham te roubado um pouco daquela coragem de ser intenso.

Agora você só quer calma,
um passo de cada vez pra não tropeçar nas próprias expectativas.
Agora você só quer ter certeza das coisas,
do que sente, do que sentem por você, do que o outro é capaz de te despertar.
Talvez a última pessoa que passou por você tenha te deixado uma bagunça da qual você precisou de um tempo pra endireitar, e agora você só quer ter um pouco mais de cuidado.
Cuidado pra não abrir demais o peito pra quem só está de passagem.
Mas perceba, não tem como a gente controlar tudo.
Você sabe bem que demonstrar pouco só por medo do que o outro possa fazer com toda sua entrega, não muda nada.
Fingir desinteresse pra não sentir a vulnerabilidade do envolvimento, não muda nada.

Se fosse pra dar um conselho, eu diria:
Demonstre o que você sente!

Não se perca nesse mundo de relações superficiais, não se transforme em alguém insensível só porque alguém te deixou algum machucado.

Tenha maturidade suficiente pra aprender a seguir em frente e entenda que viver é poder ser quem se é, e viver tem lá suas consequências.

Seja forte pra lidar com os finais,
seja resiliente pra lidar com as perdas e sobreviver a cada partida sem ter medo de recomeçar.

Eu não preciso, não mereço, não devo ficar em lugares,
relações e com pessoas que me maltratam.
Compreendi que o amor vai além da minha vontade de ficar.
O amor é a paz que minha alma procura e precisa.

Uma breve pausa para falar sobre ansiedade...

É UMA MERDA SER ANSIOSO.

a gente tem pressa pra sentir,
e quando começa a sentir, acha que é perigoso demais
e que por isso, a gente precisa partir
mesmo que não seja exatamente essa a nossa vontade.
A gente acha que precisa se falar o tempo todo,
ter sempre um novo assunto pra conversar,
e se não respondem nossas mensagens por algumas horas
já é motivo pra pensar bobagens demais.

A gente acorda com saudade de viver o que nem viveu ainda,
e talvez nem aconteça, porque a gente não pode controlar o futuro.
Inclusive, a gente sabe bem disso
mas ainda assim sofre por um amanhã
que nem está perto de chegar,
espera por uma notificação como se fosse uma necessidade
pra confortar aquela sensação de insegurança dentro da gente.

A gente começa a pensar que não vai dar certo,
por mais que a vontade seja enorme de dar.
É que tanta coisa já aconteceu e tantas pessoas já passaram pela gente,
que a história parece ser a mesma, só mudam os envolvidos.
A gente começa a pensar que o outro vai embora
e então a gente pensa em ir embora antes que o outro vá.

Ser ansioso te traz uma insegurança que aperta o teu peito,
que por vezes te sufoca, e te faz pensar em fugir.
Você tem pressa por tão pouca coisa,
os seus pensamentos te atropelam,
com frequência você tropeça nos próprios passos.
Ser ansioso te faz pensar em coisas que podem dar errado
mesmo quando tudo parece dar tão certo.
No fundo a gente sabe que a insegurança passa,
que criar teorias por coisas tão simples não pode ser verdade,
e que os nossos receios não são do tamanho que parecem ser.
No fundo é só um medo bobo que vai embora amanhã,
e se não for embora amanhã, vai depois.
E o problema não é ter medo, insegurança
ou todas essas coisas de adulto.
O problema é a gente achar que tudo isso é grande demais
e que não vai embora nunca mais.

Mas vai sim, relaxa.

Ter ansiedade é conviver com a sensação de que às vezes a cabeça vai explodir de tantos pensamentos soltos, e o coração vai padecer de tanta insegurança e angústia. E o pior disso tudo é que às vezes não existem motivos para se sentir assim.

A gente só acorda e sente.

PARA TODAS AS PESSOAS QUE SOFREM DE ANSIEDADE.

outro dia, tive uma crise de ansiedade
que me fez duvidar da minha capacidade,
do meu eu, dos meus projetos e sonhos pessoais.
quanto menos eu tentava pensar,
mais eu pensava em tudo o que queria ter realizado
e não realizei até o momento.
quanto mais eu tentava encontrar caminhos pra fugir
desse monstro que eu mesmo criei,
mais eu me via perdido em ruas sem saída.
e ansiedade é um bicho estranho,

às vezes não existe motivo algum pra gente ter medo,
não existe razão alguma pra gente se sentir inseguro,
mas a gente se sente mesmo assim,
porque ser ansioso é conviver com a pressa de ser feliz,
é querer que as coisas deem certo, tudo ao mesmo tempo,
porque antes de tentar a gente já pensa nas possibilidades de dar errado.
e então o bicho do tamanho de uma formiga
se transforma em um monstro de sete cabeças.

a gente sente algo crescer dentro da gente,
desproporcionalmente.
a gente sente algo engolir a gente,

de dentro pra fora.
devorando aos poucos, a vontade de seguir,
e então, é quando a gente se sente cada vez mais incapaz.

em meio a essa crise de ansiedade,
parei um pouco e mergulhei fundo dentro de mim,
disse pra mim mesmo que iria ficar tudo bem
e que eu não precisava me culpar por coisas que nem aconteceram ainda.
foi difícil entender,
mas só a gente pode derrotar os monstros que cria.
pra me livrar da ansiedade eu tentei meditação,

assisti a vídeos sobre ioga,
fiz exercícios de respiração,
tentei dormir pra esquecer alguns pensamentos bobos,
afastei pessoas e fugi de relações
pra não ter que lidar com ela (a ansiedade)
me perturbando quando as pessoas não agiam
como eu pensei que agiriam.
a parte mais importante disso tudo,
foi me reencontrar em meio à crise e entender:
que eu não devo me culpar pelas escolhas do outro,
que não devo me autossabotar pela fuga do outro,
que preciso respeitar o meu tempo pra não tropeçar nos meus próprios passos,
que não preciso construir paranoias pra tentar
justificar o fim de alguma relação.

entendi que a única maneira de domar a ansiedade
é não mergulhando nos pensamentos soltos
que ela traz,
e quando se sentir inseguro,
quando sentir que algo não vai dar certo,

quando algo acabar,
não se culpe, em hipótese alguma se maltrate,
não se desgaste.
e entenda, as coisas vão acontecer da maneira que precisam
acontecer, no tempo que necessitam pra que aconteçam.
os finais acontecem pra todo mundo,
em algum momento, por alguma razão – ou nenhuma –,
a gente só precisa aceitar e entender que vai ficar tudo bem.

sempre digo pra mim mesmo:
"você é uma pessoa incrivelmente foda,
respeite o seu tempo, o seu momento,
respire e siga em frente".
tem dado certo pra caramba.

COMO FUNCIONA O CORAÇÃO DE ALGUÉM COM ANSIEDADE.

quando me acontece algo bom, por exemplo,
por mais que eu tenha absoluta certeza
da minha capacidade e merecimento,
algo lá dentro de mim desperta a insegurança
e me conta mentiras, tentando me convencer
de que não mereço nem sou capaz de alcançar aquilo que desejo.
ansiedade é quando eu me relaciono, às vezes,
por mais que eu diga pra mim mesmo: vai com calma,
por mais que eu vá, realmente, com calma,
algo em mim sussurra me dizendo que eu preciso
ir embora antes de colecionar mais uma decepção.
e então, eu entro numa guerra comigo mesmo,
um lado me dizendo que eu posso sim me permitir,
o outro me alertando que vou me machucar.
às vezes é só a minha amiga intuição
dizendo pra eu ter cuidado,
mas às vezes é a ansiedade me falando
que eu não consigo lidar com mais uma relação.
a ansiedade me faz construir um castelo de paranoias,
do qual eu sou o rei, os meus soldados são os meus medos
e a minha guerra é uma batalha comigo mesmo.
ou eu venço por mim, ou eu perco pra mim.
e eu escolho sempre vencer.

a ansiedade me traz essa insegurança
que aparece repentinamente,
essa agonia de querer desistir
e não encarar as coisas,
esse trauma de querer que as
coisas aconteçam rápido demais
quando eu sei que, na verdade,
acontecem quando precisam acontecer.
e se não acontecem agora,
isso não quer dizer que nunca mais vão ocorrer.
ansiedade é quando sinto que alguém despertou
em mim um sentimento de querer ficar,
me bate um desespero danado
porque por mais que eu queira permanecer
eu sei que isso não torna as coisas fixas
e que a qualquer momento o outro pode partir.
ansiedade é querer que o amanhã
aconteça hoje,
mas quando o amanhã fica mais próximo,
tudo que desejo é que ele se torne ontem
o mais rápido possível
só pra eu não ter que lidar com isso.
talvez chova amanhã, talvez não,
talvez eu consiga realizar um sonho amanhã,
talvez demore um pouco mais do que espero.
talvez na prova de amanhã na faculdade eu me saia bem,
talvez eu não consiga uma boa nota amanhã,
mas semana que vem, quem sabe.
talvez eu precise compreender
que não devo me cobrar tanto!
e saber que as coisas vão acontecer
no tempo, no momento e no lugar certo.
há algum tempo eu convivo com a ansiedade e quando, de
repente, me vêm pensamentos que me fazem duvidar de mim

mesmo, da minha capacidade colossal de amar a mim, e ao outro, do meu espaço grande o suficiente pra caber todos os meus sonhos e planos e da minha força latente de realizar todos eles – ou a maioria – eu encaro e digo pra mim mesmo que essa porra toda vai passar.
e passa.

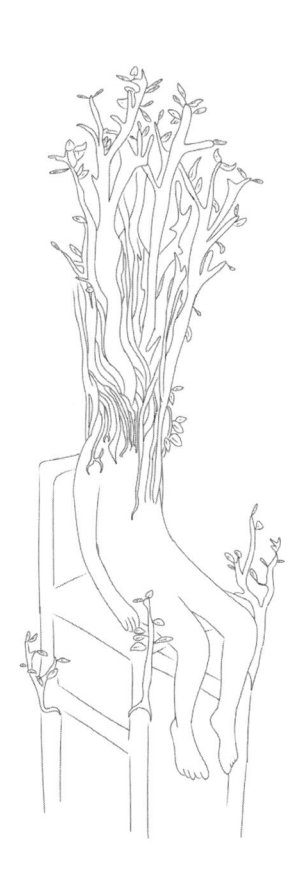

Para o seu próprio bem, não construa paranoias.

Às vezes a gente acaba pensando demais e se culpando porque as pessoas não agem como nós agiríamos.

Mas, caramba, a gente não pode se autossabotar dessa forma.

O outro talvez nunca tenha a mesma atitude que a nossa e tudo bem.

TOME DOSES GENEROSAS DE SI. TODOS OS DIAS.

quando você vai amadurecendo
você vai percebendo que cada vez mais
você precisa colocar um pouco mais de você na sua vida.
precisa estar mais consigo mesmo,
precisa conversar mais sobre seus medos,
precisa ouvir mais e, às vezes, ficar mais em silêncio
pra aprender a escutar o que vem de dentro.
você vai aprendendo a lidar melhor com os finais,
a parar de se importar porque escolheram sair da sua vida
e começa a considerar que você não deve carregar a culpa de
algo que acabou como se fosse uma escolha sua.
você começa a aceitar as imprevisões da vida,
porque às vezes, por mais clichê que possa parecer,
de fato, algumas coisas terminam pra que outras melhores
comecem.
você passa a perceber que términos não são o fim do mundo,
que às vezes pessoas vão entrar na sua vida e sair, inesperadamente,
só pra te ensinar algo,
mesmo que num período tão curto de tempo.

na vida, muita gente vai entrar,
muita gente vai sair,
muita gente ainda vai despertar o seu interesse
e sumir. talvez, quem sabe, não tem como ter certeza de nada.

e você vai aprender a aceitar isso também.
a incerteza das relações,
a interrogação das paixões,
a imprevisão das pessoas no século em que vivemos.

você vai criando imunidade a qualquer pessoa, relação, lugar,
ou sentimento que não some na sua vida.
e então, sente uma necessidade de tirar tudo isso do seu caminho porque ter se tornado a pessoa que você se tornou não foi fácil, e você não perderia sua essência por tão pouca coisa.
você se conhece e sabe o peso que carrega de si mesma por ser quem é, e por isso, nenhum amor meio bosta,
nenhum embuste,
nenhuma paixonite
ou sentimento raso vão alterar o teu tamanho.

a sua estabilidade emocional se torna sua prioridade,
e tudo que se aproximar de você com intuito de te trazer insegurança, medo e dúvidas,
não tem a menor chance de permanecer.
é que o amadurecimento te traz uma boa dose de amor-próprio.
e amor-próprio te faz enxergar
que, no final de tudo,
a melhor pessoa pra você abraçar é você mesma.

Saiba dizer não.

Mesmo que você ame muito alguém, mesmo que seja difícil decidir entre ficar e partir, ainda que doa só de você pensar em dar os primeiros passos e seguir sozinho, saiba dizer não pra tudo o que te impede, desequilibra e machuca.

SAUDADES.

eu te dei todas as chances do mundo pra que você ficasse, te levei a lugares dentro de mim que nunca havia levado ninguém. te dei espaço, abraço, beijos e um peito inteiro pra você ocupar.

dei meu corpo pra você deitar, minha pele pra você encostar a tua, me despi por completo, de corpo e alma, mas nada pareceu o suficiente pra você.

eu fiz tanto. sair às duas da madrugada pra matar a saudade, cuidar de você não somente quando você precisava de cuidado, porque pra mim o afeto era necessário, independentemente da sua posição emocional.

eu nunca joguei com você. nunca fingi que não te queria, nunca deixei de te enviar uma mensagem quando essa era a minha vontade. sempre fui alguém diferente de todos os outros, você dizia. eu não me encaixava nesse conceito de relações em que a gente precisa se importar menos pra que o outro passe a se importar mais.

você ouviu os meus discos, tirou os meus anseios da prateleira, leu os meus livros e até levou consigo trechos das coisas que te tocaram. você assistiu aos filmes e séries que eu costumava assistir e até associou a mania de alguns personagens aos nossos amigos em comum. não foram só expectativas.

havia detalhes, havia memória. as covas das suas costas, a textura da pele, como a cor dos olhos muda com a luz do sol. como tudo, não somente ao nosso redor, mas no nosso interior, muda quando estamos juntos, quando o beijo apaga nossos medos e pluraliza nossos sentimentos bons.

então, depois de tudo, tentando justificar a sua fuga, você me diz que estava confuso, que precisava de um tempo e que o problema não era comigo. tudo bem, eu entendo. cada um possui o direito de ir até onde quer ir ou de partir dos lugares que não deseja mais estar.

por mais que me doa, por mais que marque, para mim resta somente a escolha de me cuidar, me acolher e continuar seguindo o caminho que sempre fez mais sentido pra mim. um destino que me traga de volta aos meus braços.

durante o caminho de volta, encontro uma mensagem tua me dizendo que anda com saudades.

e agora eu te pergunto o que incomoda mais nesse momento: todos os detalhes que você não percebeu
ou a minha ausência?

ÀS VEZES A GENTE SÓ PRECISA SER MAIS RACIONAL EM VEZ DE SE ENGANAR EM ALGO SÓ PORQUE O CORAÇÃO INSISTE EM ACREDITAR.

esses dias eu ouvi um casal brigando na rua,
lembro que ela chorava enquanto tentava dizer: "você só faz merda comigo".
aparentemente eles estavam acabando,
não sei exatamente o que ele fez,
não sei o que aconteceu,
só me recordo de ter ouvido ele dizer pra ela:
"por favor, não desista da gente,
pare de ligar pro que suas amigas falam,
siga seu coração". e essa frase:
"SIGA SEU CORAÇÃO".
me incomodou um pouco, sabe?
eu sempre achei que seguir o coração fosse o melhor caminho, e de fato, às vezes é.
só que todas as vezes em que a minha intuição dizia que iria dar em merda e a minha racionalidade me pedia pra cair fora, e mesmo assim eu insistia em seguir o que o meu coração dizia, eu só me fodia.
até aprender que a gente precisa entender também
até onde vale a pena seguir o coração.

às vezes tudo que a gente precisa é parar
pra enxergar o que exatamente merecemos.
e ninguém merece ser escanteado
e ainda assim, seguir o coração porque ele
te diz que vai ficar tudo bem.
ninguém merece ser iludido,
traído, machucado e ainda assim continuar
ao lado de alguém só porque o teu coração
te diz que vai ser melhor pra você.
ninguém merece ser tratado como estepe,
ou tapa-buraco perfeito por alguém que
só tá afim de preencher uns espaços
e alimentar um pouco o ego,
e mesmo assim,
acreditar que está sendo tratado como merece
porque o coração te fez acreditar que
isso é tudo que você tem naquele momento,
e, então, você aceita.
se tem algo que eu posso dizer é:
siga o seu coração
mas só até o momento em que perceber que o outro está disposto a cuidar dele com você.
siga o seu coração
só quando ficar claro pra você
que o outro não quer te machucar.
siga o seu coração se houver respeito,
fidelidade, confiança, e todas essas coisas que sustentam o amor.
porque você sabe, amar sem reciprocidade não é amar.
caso contrário,
siga o seu racional,
siga a sua intuição,
siga a razão.
siga pra bem longe de qualquer pessoa que te mantenha longe de você mesma(o).

QUEM AMA DESISTE, NÃO PORQUE DEIXOU DE AMAR, MAS PORQUE PARTIR FOI A ESCOLHA MAIS CORRETA A SE FAZER.

quando ouço alguém dizer:
"quem ama não desiste nunca!",
me bate uma vontade de gritar: desiste sim!
e sei disso porque precisei abrir mão de alguém
antes que eu abrisse mão de mim mesmo.

a gente precisa entender que o amor
não precisa doer, e que não devemos permanecer
em qualquer lugar, situação, relação ou com qualquer pessoa
que tente nos roubar de nós mesmos.

posso dizer com toda certeza do mundo
que quem ama desiste sim!
e confesso, não é fácil desistir de alguém
que você ama imensamente.
não é fácil abrir mão de uma relação
com a qual você criou um laço durante tanto tempo.
é difícil deixar ir ou ter que pular fora de alguém primeiro,
porque você não consegue mais sorrir e se sentir bem ao lado
daquela pessoa.

mas é aí que está o verdadeiro significado do amor.

amar é também aceitar quando as coisas não fizerem mais sentido,
é aprender a se equilibrar sozinho depois que o outro largar a outra ponta.
é compreender que algumas coisas precisam acabar,
principalmente quando não existir vontade dos dois lados.
amar é aceitar que os finais existem,
e que por vezes precisaremos deles pra realinhar nossos passos, pra reaprender a seguir sozinho,
e enxergar novos caminhos em vez de insistirmos nas mesmas estradas que nos levam sempre às mesmas decepções.

amar é o ato de se enxergar,
é entender o tamanho que você possui,
é admirar a pessoa que você é,
porque só você sabe o peso que carrega de si mesmo.
é entender que você não merece,
nem precisa estar com alguém que não soma,
ou insistir em algo que não te transborda.
amar é saber que você é do caralho,
que você é imensamente foda,
que você é um mulherão da porra,
e que não deve em hipótese alguma insistir ou implorar por algo que não te cabe.
por fim, amar é ser capaz de desistir de alguém
pra não ter que desistir de si mesmo.

VALORIZE OS SEUS SENTIMENTOS. NINGUÉM FARÁ ISSO POR VOCÊ.

lembro que a primeira vez em que acabei um relacionamento,
chorei como se não houvesse amanhã,
pensava que jamais encontraria alguém melhor,
achava que nunca seria capaz de amar de novo
e que o amor, na verdade, era algo que só existia pra me deixar mal.

um tempo depois, me apaixonei novamente,
vivi um relacionamento que trouxe
um novo significado sobre o que era o amor pra mim.
não era mais o mesmo sentimento que eu presenciei na primeira vez, sabe?
e então, pude perceber o quão imaturo, carente,
e raso foi o primeiro relacionamento.
até que o segundo tomou um outro rumo,
se tornou uma relação abusiva,
o amor virou algo frio, sem gosto e áspero.
tive que acabar. e não foi fácil.
lembro que a segunda vez que acabei um relacionamento,
ainda amava muito a pessoa,
mas precisei partir porque:
ou eu ficava e me acostumava com a migalha que recebia,

ou eu enxergava o tamanho que eu tinha
e partia de uma vez.
aprendi que às vezes, pro nosso próprio bem,
a gente vai precisar partir de algumas pessoas.
eu sei como é a dor de saltar de alguém
sem paraquedas,
mas posso garantir que a queda desperta a gente.
faz a gente voltar pra realidade, sabe?
desde então, não permaneço nem por um segundo em relações que não me cabem, em braços que não me acolhem.
não fico por ninguém nesse mundo em qualquer lugar que não some, porque ressignifiquei o amor.
e pra mim, ele passa longe da insistência, da dor, do descaso.
não aceito nada menos do que acho que mereço,
e sei exatamente do que não preciso.

costumo dizer que finais doem,
mas recomeços curam.

não que a gente tenha que se acostumar com o fim,
mas é que a gente precisa reconhecer que ele existe,
e que às vezes não haverá escolhas fáceis,
precisaremos escolher entre acabar algo
ou insistir até o ponto de nos perdermos de nós mesmos.
e eu aprendi que em qualquer hipótese,
por mais que eu ame,
por mais que doa pra caramba partir,
melhor ir que pagar o preço de me perder.
porque se eu não valorizo o amor que carrego no peito,
parceiro,
quem é que vai valorizar?

"O TEMPO NÃO VAI TE CURAR, ELE NÃO DÁ A MÍNIMA PRA SUA DOR."

Li essa frase por aí, e pensando bem não é mesmo o tempo que cura a gente dos machucados que outras pessoas causaram!
Somos nós que nos curamos,
e às vezes a dor pode passar hoje,
pode passar amanhã ou durar meses, quem sabe.
O fato é que se não lutarmos pra superar algo
e só esperarmos pelo tempo,
nada vai adiantar, concorda?
Costumo acreditar que nós
somos os verdadeiros responsáveis
pela profundidade e espessura das marcas
que carregamos.
Somos responsáveis pelos machucados
que, por teimosia, ou talvez, por imaturidade
insistimos em não curar.
Somos os únicos responsáveis
por todos os sentimentos
que rondam o nosso peito.
Digo isso porque como qualquer pessoa desse mundo,
tenho comigo os meus conflitos,
as minhas expectativas e frustrações.
Entendo que a melhor maneira de lidar com tudo isso
é conhecendo o meu interior,

conversando comigo mesmo
e compreendendo o que devo ou não manter em minha vida.
Não existe alguém mais indicado pra cuidar de mim
que eu mesmo.

Pode levar um tempo até você acreditar que não precisa de algo ou de alguém tanto quanto achou que precisaria.
Pode demorar um pouco, ou não,
até você entender o que e quem merece permanecer
em teu caminho.
Pode levar alguns meses, ou alguns anos talvez
pra você superar um término.
Pode levar algumas semanas até você compreender
que não merece continuar se culpando
por mais um final, ou perdendo tempo
tentando encontrar respostas pra alguém
que escolheu sair da sua vida.

Percebe que suportar e superar depende de você?
A maneira como você encara suas decepções,
o modo que você mergulha dentro de si
e se dispõe a ser resiliente com os machucados.
Se você não se move pra se curar de algo,
o tempo se torna como uma roupa velha
que nem te cabe mais e você insiste em deixar ela lá,
ocupando um espaço que nem deveria mais ocupar.
Porque, na verdade, o tempo não cura
é a gente que se cura do tempo que foi ruim.

Você percebe que esse texto fala sobre a capacidade de ser resiliente? Todos nós passamos por momentos difíceis, perdas, términos, conflitos internos, e somos nós os únicos responsáveis por cuidar do nosso interior. Temos a obrigação de fazer isso, sem esperar pelo tempo, ou por quem quer que seja.

Nem sempre é um trabalho fácil, confesso. Mas temos a capacidade de sobrevivência, de amadurecer, de retornar ainda mais fortes e resilientes, e se você não consegue enxergar essa capacidade em si mesmo, é mergulhando dentro de si que você vai encontrá-la. E posso dizer isso com toda certeza, porque dia desses, descobri mais uma capacidade dentro de mim.

Em vez de ficar se culpando tentando encontrar respostas pelo que acabou.
Em vez de ficar tentando entender a fuga do outro, siga em frente! Aceite que acabou e entenda que você não precisa se culpar pelas decisões dos outros.

Certas coisas não dependem só de você.

Nunca troque sua saúde mental por alguém.
Nunca troque seus planos por alguém.
Nunca troque seus estudos por alguém.
Nunca troque suas conquistas por alguém.
Nunca troque sua bagagem por alguém.

Escolha sempre carregar o peso de quem você é
e não o peso do que os outros são pra você.

INTENSIDADE NÃO É SOBRE MERGULHAR EM TODAS AS PESSOAS QUE APARECEM NA SUA FRENTE. INTENSIDADE É SOBRE SABER SER TUDO, APRENDER QUE NEM SEMPRE TUDO DE VOCÊ FARÁ O OUTRO FICAR, E COMPREENDER TAMBÉM QUE VOCÊ PRECISA DE TEMPO PRA RELAXAR NA SUA PRÓPRIA IMENSIDÃO.

dia desses percebi
o quão desinteressado por pessoas eu estou.
e não sei exatamente quando isso aconteceu,
mas a verdade é que estou com preguiça de conhecer pessoas,
e só em pensar na possibilidade de me apaixonar de novo,
me bate um cansaço.
sinto que não tenho mais paciência pra iniciar uma conversa,
pra aceitar um convite,

pra trocar números,
pra enviar uma mensagem e esperar um dia por uma resposta,
pra fazer qualquer coisa que seja: CONHECER ALGUÉM.

acho que conhecer alguém requer um tempo,
e é esse tempo que eu não quero perder mais,
porque já perdi tanto, sabe?
pode ser egoísmo da minha parte,
podem chamar do que quiser,
mas agora eu só quero me tirar pra dançar,
me convidar pra sair por aí, sozinho,
trocar mó ideia comigo mesmo,
falar sobre os meus planos pra este ano
e tocar uns projetos pessoais.
só quero acordar e sentir que eu ainda estou ali,
que me encontrei quando quase me perdi
por amar demais quando me amaram de menos.
e saber que me tenho a qualquer hora,
não somente pra quando me sentir só
mas especialmente pra quando, por um engano,
achar que preciso de alguém pra me sentir
perfeitamente completo.
não quero conhecer ninguém
porque me conhecer tá sendo foda.
estou num momento tão autossuficiente que não quero, nem procuro, nem enxergo necessidade de ter alguém. não sei se isso é bom exatamente.
só sei que traz paz.

e que fique claro: ainda existe amor pra caramba aqui dentro,
e intensidade de sobra comigo.
mas, por enquanto, sinto que preciso aproveitar esse tempo com a minha própria companhia, da melhor maneira possível.
afinal, chega uma hora que o coração cansa de apanhar,

que os braços cansam de velejar à procura de um amor tranquilo, então, a gente percebe que ancorar o peito é preciso.
e não existe lugar melhor no mundo pra ficar por um tempo que dentro de nós mesmos.

PARA QUANDO VOCÊ ESTIVER SE SENTINDO SEM DIREÇÃO.

ei, caso você esteja se sentindo meio perdida por tentar encontrar alguém e se esquecer de si mesma, desejo que você se reencontre,
que aprenda de uma vez por todas que você não deve se colocar do lado de fora
pra abrigar alguém,
que você se reencontre
quando por um deslize se perder e esquecer
que o amor não alimenta o peito se não for recíproco,
que você respeite o seu interior e nunca mais se sujeite a abri-lo
pra qualquer um que queira somente bagunçar e sumir.

se estiver meio perdida, desejo que você pare e perceba que a sua estabilidade emocional vale bem mais do que qualquer relação meio bosta.
e quando cair,
porque as suas expectativas te fizeram ir alto demais, ou porque alguém cortou as suas asas,
acredite que tudo vai ficar bem.
às vezes a gente quebra a cara pra aprender a não depositar expectativas demais em pessoas, coisas ou relações pequenas, ou não, às vezes é só a vida te dando uma rasteira e dizendo que as coisas acabam.
e isso não depende só de você.

quando pensar em se culpar
porque alguém não te quis,
ou porque alguém foi embora,
sumiu sem te explicar nada, partiu sem se importar, compreenda diante da dor do vazio, que inevitavelmente essas coisas acontecem,
e você não precisa carregar uma culpa pelas escolhas dos outros. não faz sentido.
quando pensar em desacreditar no amor,
por favor, entenda que não é porque alguém te machucou que todo o resto do mundo vai te machucar também.
não esvazie a sua profundidade,
não guarde a sua intensidade,
arrisque-se, tente outra vez,
permita-se conhecer outras pessoas que podem não ser o amor da sua vida, mas, talvez, consigam transformar o teu mundo pra melhor.

que você jamais duvide do tamanho de si, que não esqueça de tudo que enfrentou e da pessoa incrível que você se tornou, que você se lembre disso tudo com frequência pra que jamais insista no que dói,
ou implore por atenção, ou mendigue por amor de ninguém nesse mundo.

EU NÃO POSSO, NEM DEVO VIVER EM TORNO DO QUE ESPERO DAS PESSOAS.

quero pedir desculpas por acreditar que você ficaria,
e por ter depositado tantas expectativas na sua permanência.
fui ingênua demais em pensar que você carregaria o mesmo sentimento que estava tomando conta de mim.
foi um erro acreditar que você teria espaço o suficiente pra me abrigar, eu sei.
mas, em momento algum, você me disse o que sentia.
eu não percebi com clareza a tua falta de empatia,
porque a paixão deixa a gente meio cega.
as expectativas confundem a nossa racionalidade,
e a gente só pensa em ficar,
porque isso é tudo o que desejamos naquele instante.
lá no fundo, a gente pode até sentir que não dá,
mas parece que o coração diz: vai lá!
e obviamente, a gente se dá mal.
desculpa se acabei enxergando coisas que nem existiam,
se vi reciprocidade até mesmo nas suas ações,
ou melhor, na falta delas.
sei que você não tinha obrigação alguma de ter o mínimo de responsabilidade, mas pensei que isso te coubesse.
afinal, não é nada demais se importar com o que o outro sente, mesmo que a gente não sinta o mesmo.
não dói, é generoso.

eu entendo que talvez você não estivesse no mesmo momento que eu, como também compreendo que você não tem obrigação de ficar em lugar algum se não for a sua vontade.
mas sumir sem se importar não foi a melhor maneira de dizer que não queria mais.
tá tudo bem, juro!
eu tenho aprendido a não me culpar pelas escolhas do outro, e mais que isso, a não sabotar a minha capacidade de amar só porque alguém foi idiota comigo.
mais do que ter desejado que o nosso fim tivesse ao menos uma mensagem, ou uma conversa madura, tenho aceitado o teu silêncio como uma resposta. espero que aceite o meu também como uma réplica.
a maturidade que carrego comigo não me permite sumir da vida das pessoas sem dizer um "tchau", mas essa é uma escolha minha e entendo que as pessoas não são obrigadas a nada.
eu não posso nem devo
viver em torno do que espero das pessoas,
e paciência.

Você precisa entender que algumas pessoas não vão agir como você, algumas pessoas vão sumir, não vão se importar. E você não merece ficar perdido por aí tentando entender o motivo. Às vezes está ali: o sumiço do outro te dizendo que ele não quer mais.
Só você insiste em não ver.

Eu sempre fui a pessoa que ligava, que se importava, que puxava assunto, que enviava uma mensagem primeiro. Até perceber que as pessoas sempre partiam da mesma maneira, sumiam, se calavam enquanto eu tentava entender o que tinha acontecido.

Eu continuo sendo alguém que se importa, só que agora, eu me importo mais comigo.

NINGUÉM VAI SER O "AMOR DA SUA VIDA" SE VOCÊ, PRIMEIRAMENTE, NÃO FOR O AMOR DA SUA VIDA.

preciso te contar uma coisa:
você está sozinho.
mas relaxa, essa não deve ser uma coisa ruim.
apenas saiba que ninguém
vai se importar com o que você sente
se você não se importar.
ninguém vai ter responsabilidade emocional com você,
só você.

você não vai ser o amor da vida de ninguém
se, antes disso, não for o amor da sua vida.
ninguém é obrigado a te amar, te querer,
ninguém vai se perder pra te encontrar.
mas é a sua obrigação se amar, se querer, e não se perder em troca do amor de ninguém.

ninguém vai pensar em você todo instante, só você mesmo.
ninguém vai te mandar uma mensagem, te ligar,
ou correr atrás de você o tempo todo.
só você, por você, entende?

eu sei que dói saber disso,
mas ninguém vai estar com você,
você nasceu sozinho,
algumas vezes vai ficar sozinho.
e isso não deve ser ruim,
desde que você saiba apreciar a sua companhia.
se você continuar achando que as pessoas
deviam se importar com você
da mesma forma que você se importa,
ou que deviam ao menos sentir
na mesma proporção que você sente,
você vai quebrar a cara sempre.
as pessoas deviam, mas não vão.
e a única pessoa que pode fazer isso por você o tempo todo
é só você mesmo.

aceite que as pessoas vão te decepcionar,
porque elas não vão agir como você agiria,
e tudo bem, só não se decepcione.

SOBRE ABRIR MÃO.

não posso mais insistir pra você ficar. não posso mais te prender a mim.
por mais que seja difícil aceitar,
eu sei que preciso deixar você ir.
nunca pensei que um dia eu diria isso pra alguém que amei,
mas às vezes não temos outra escolha,
e isso é tudo de que eu preciso agora:
te deixar ir. e ir também.
porque eu mereço acordar todos os dias
com a sensação de ser amada,
e transbordar de felicidade,
e sentir a intensidade que tenho,
e respeitar a bagunça que sou,
e, pra isso, eu preciso de espaço
pra ser quem de fato eu quero ser.
e você tem me colocado
num lugar que eu não mereço estar.
você tem me colocado em uma
posição que eu não quero ficar.
e você tem tentado me convencer
de que eu preciso disso,
dessa pouca coisa que você chama de amor,
desse pouco tempo que você tem pra mim,
dessa sua prepotência com pitadas de desprezo e impaciência
que me assusta e você ainda diz ser afeto.
eu quase acreditei nisso, confesso,

mas se fosse amor eu não me sentiria menor.
se fosse afeto eu não me sentiria atrás.
por mais que ir embora pareça ser a escolha mais respeitosa
com os meus sentimentos, não é fácil.
às vezes faltam lágrimas e então tudo o que faço
é ficar quieta e sentir o mundo desmoronar
aos poucos por dentro.
e eu nunca pensei que diria isso pra alguém que amei,
mas foda-se o seu amor agora, porque eu preciso mais do meu.

Me permita te contar uma coisa:

você não tem poder de salvar as relações
que precisam ter um fim,
você não tem o poder de mudar ninguém,
você não tem o poder de resgatar ciclos que precisam
ser encerrados.

Você não precisa se desgastar por coisas
que não estão nas suas mãos.

VOCÊ NÃO MERECE SE DESGASTAR TENTANDO DEMONSTRAR PRA ALGUÉM O QUE VOCÊ SENTE; O AMOR DEVE SER ALGO ESPONTÂNEO.

tentei tanto ser o amor da sua vida, tentei ficar mesmo quando você parecia não se importar,
tentei permanecer,
mesmo que você parecesse não querer,
nem fazer tanta questão da minha companhia,
busquei compreender e tentei ficar.

tentei relevar as noites em que a saudade
me tirava o sono e, mesmo assim,
segurei a minha vontade de dizer que te queria
naquele momento.
tentei me calar o quanto eu pude
pra não demonstrar mais do que queria,
pra não te assustar,
pra não te afastar de mim.
tentei compreender a tua distância,
tentei ficar de boa,
e deixar você respirar um pouco,

tentei não te sufocar.
tentei aceitar quando você disse que precisava de um tempo.

pensei que o mais correto
era respeitar o seu momento,
era te ver on-line,
pensar em te escrever alguma coisa
e, mesmo assim, dizer pra mim mesmo:
melhor não.
era ter vontade de assistir a um filme,
pensar no teu nome e não te convidar
só pra não receber um: hoje não dá.

tentei, juro que tentei não ser insistente.
te chamei uma, te chamei duas,
três, mais de cinco talvez.
tentei não desistir de você
mas algo estava escrito na tua testa,
mesmo com tua ausência
aos poucos cada vez mais silenciosa,
mesmo com tua escolha de se calar e fugir,
estava escrito ali: é o fim.
tentei compreender o fim,
mas quanto mais tentava entender
menos eu parecia aceitar.
porque não passou pela minha cabeça
em momento algum te deixar sozinho
e me distanciar sem olhar nos teus olhos, sabe?

mas eu tentei,
tentei sair de casa debaixo de chuva
com o guarda-chuva quebrado e o sapato molhado
só pra te ver.
tentei deixar o quarto mais ajeitado

quando você disse que viria de última hora,
tentei arrumar a bagunça do meu peito
só pra melhor te receber.
mas percebi que tentar não é o suficiente
quando o outro não tenta também.
sustentar as coisas sozinho,
por mais que eu tivesse força
não é o suficiente pra manter uma relação.

tentei entender e entendi,
quanto mais eu insistia em ser o amor da sua vida,
menos eu era da minha.

Pare de pensar em como o outro vai lidar com a sua partida. Pensar em você às vezes é o que você precisa pra ir embora. Me diz, qual a vantagem de você permanecer em algo que não te faz bem só pra que o outro se sinta bem?

ALGUMAS COISAS QUE APRENDI COM O TEMPO.

1. Por mais que a partida do outro me doa pra porra, eu não posso fazer absolutamente nada, senão respeitar e fazer ficar tudo bem pra mim.

2. Que a pessoa mais importante pra mim está em frente ao meu espelho.

3. Algumas pessoas fazem favor em ir embora.

4. Antes mesmo de tentar a gente precisa encarar também a dor da partida, a possibilidade de dar errado, de não sair como esperávamos que saísse. E isso não é pessimismo. Talvez seja só uma forma racional e necessária de aprender a suportar e lidar com o fim.

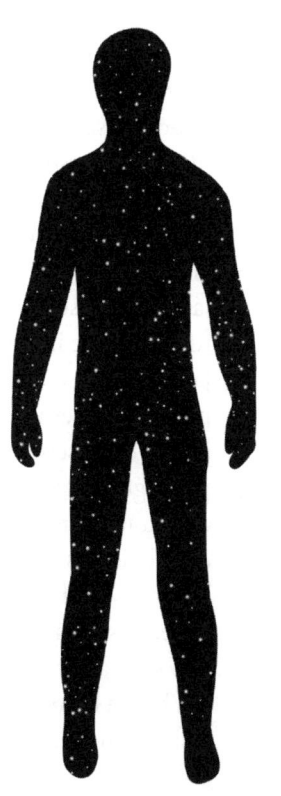

UM TEXTO SOBRE SOLITUDE PARA TE DIZER: CALMA, VOCÊ NÃO PRECISA SE SENTIR SOZINHO.

desde que me envolvi em relacionamentos
e pessoas rasas demais, comecei a me enxergar com mais cuidado, passei a cuidar mais do meu interior e não permitir que qualquer pessoa entrasse na minha vida.
tenho tomado um cuidado redobrado com os meus sentimentos, sem pensar duas vezes, faço escolhas pelo meu bem emocional e nem sempre essas escolhas foram fáceis de aceitar.
já tive que escolher entre ficar com alguém que eu amei muito ou ter que ir embora porque esse amor não era o suficiente.
já tive que escolher entre a minha estabilidade emocional ou permanecer em uma relação que só me fazia mal.
já tive que escolher entre dar o máximo de mim
por alguém que dava o mínimo por mim,
ou parar de insistir nisso e aceitar o fato de que eu não mereço me desgastar em nenhuma relação que seja.
tenho aprendido a ser cada vez mais solitude
e menos solidão. sempre que posso, tiro um tempo só pra mim,
fico em casa conversando comigo mesmo,
em busca da minha melhor versão sempre.
assisto a uns filmes, faço uma comida diferente,

às vezes saio, vou beber umas cervejas,
ler um livro, ouvir umas músicas
e outras tantas coisas infinitas
que posso me proporcionar.
e posso dizer com toda certeza do mundo:
esses momentos são necessários pra que a gente possa aprender a ser só, a apreciar a grandeza da nossa própria companhia
e saber que também podemos proporcionar a nós mesmos
momentos maravilhosos.

esses momentos têm servido como remédio
pra que eu possa perceber cada vez mais a minha amplitude,
para que eu consiga cada vez mais
mergulhar profundamente em meu interior,
entender as minhas inseguranças e os meus medos.
e encontrar a calmaria que preciso
para resolver essas goteiras dentro de mim.

quando você aprende a estar só, você percebe que a sua companhia será a melhor coisa que você pode ter. quando você aprende a apreciar a sua companhia, você passa a valorizar o seu interior
e a reconhecer exatamente o que merece.
quando você sabe exatamente o que merece,
você não aceita qualquer metade que queiram te dar.
porque a solitude já te faz enxergar
dentro de si a completude que você é.

SE VOCÊ TEM UMA BOA RELAÇÃO COM O SEU INTERIOR E RECONHECE O SEU TAMANHO, VOCÊ NÃO ACEITA QUALQUER COISA.

Quando quero, eu digo. Quando tô afim faço planos, convido pra sair, mas aceitando o fato de que o outro pode ir a qualquer momento mesmo que eu queira que ele fique. E isso tem me ensinado a lidar melhor com os términos, porque no final das contas ninguém fica, a única pessoa que fica é a gente mesmo. Então eu aceito essa verdade, mas ela não me torna incapaz de viver, de dizer o que sinto para o outro e de fazer o que quero. Ela é só um alerta de: *viva! Mas esteja ciente de que isso vai ter fim. Até lá, só vai!*

É algo que a gente precisa trabalhar mais em nós mesmos que no outro. O outro sempre vai ser o outro, um outro mundo, uma outra forma de lidar, outros conceitos, outra percepção, outro sentir. A gente tem mania de querer decifrar os gestos do outro, de saber o que o outro diz, o que não diz, o que está sentindo, e cara, é sobre a gente! Sempre foi sobre a gente!

A gente precisa se cuidar constantemente, se sentir seguro com a nossa própria companhia, tentar buscar em nós o equilíbrio das coisas, dos sentimentos, das sensações. Aprender a controlar, a resolver nossas próprias paranoias e questionamentos. Porque não é sobre saber o que o outro sente, é sobre compreender o que sentimos e, com isso, entender se merecemos ou não permanecer em certas relações.

A gente não sabe lidar muito bem com o sumiço, com a rejeição, com o silêncio, com a escolha do outro quando não é a mesma escolha que a nossa. No final das contas é sobre você aceitar tudo isso, aprender a lidar com as despedidas, se culpar menos e se acolher mais a cada término, e entender que inevitavelmente as pessoas vão embora. Às vezes sem razão, sem motivo que faça sentindo pra ti, e você só precisa aceitar em vez de sair por aí se desgastando, tentando justificar o fim de algo, quando na verdade, o fim já é a própria justificativa.

É sobre nós, sobre o nosso ego, sobre a nossa incapacidade de compreender que não devemos implorar por afeto de ninguém nesse mundo. O ego me fez ficar em uma relação de sete anos, da qual tenho problemas de saúde até hoje. De lá pra cá, aprendi que jamais devo pedir, implorar ou insistir em qualquer relação que não tenha reciprocidade.

Porque reconheço que a minha companhia, no final de tudo, é o que fica quando as pessoas vão embora. É de mim que devo cuidar.

UM SUTIL TEXTO PRA TE ENCORAJAR.

Por fora você tenta ser forte,
por dentro existem fraquezas por todos os lados.
Por fora os teus olhos parecem tranquilos,
por dentro existem conflitos que só você conhece.

Mas tá tudo bem chorar,
tá tudo bem desmoronar.

Você não se torna fraco por isso.

Você não precisa fingir o tempo todo.
sinta
conviva
enfrente
e aprenda com suas confusões.

NÃO VIVA UMA ETERNA BUSCA POR ALGUÉM EM QUE CAIBA O TEU AMOR. CAIBA EM SI E ESSE ALGUÉM APARECERÁ NA HORA CERTA.

dia desses me perguntaram
por quanto tempo eu esperaria pelo amor da minha vida.
respondi que nem por um segundo!

primeiro porque não tenho paciência pra esperar ninguém.
segundo que eu posso ser o amor da minha vida sem precisar
correr por aí à procura de alguém que me caiba.
e é melhor assim, sabe.
passei muito tempo dando muito de mim
e no final das contas, recebendo pouco ou quase nada.
eu sei que isso faz parte das relações,
inevitavelmente alguém vai se doar mais
alguém vai se dedicar mais
alguém vai se importar demais.
mas eu não quero mais ser esse alguém,
ou ao menos não quero mais me importar tanto com o outro
a ponto de me importar tão pouco comigo mesmo.
e isso não quer dizer que vou me desfazer

da minha intensidade. nem me ausentar das relações e fugir das pessoas. nada disso.
ser intenso é algo que carrego comigo
aonde quer que eu vá.
mas aprendi que existe um certo limite,
existe uma certa altura, existe uma fronteira que eu chamo de reciprocidade
e eu preciso identificar pra não me perder.

e por isso que vou vivendo a vida,
sem espera, sem pressa, sem expectativas,
quem sabe numa dessas curvas
alguém esbarre em mim
e, sem força, deseje ficar.
sem medo, queira seguir comigo.
sem qualquer imposição se torne amor.
e saiba ser completo ao meu lado porque metade eu não quero ser de ninguém.

PERMITA QUE FIQUE SOMENTE QUEM FOR CAPAZ DE TE ACOLHER.

Depois de muito me decepcionar com qualquer pessoa que permitia entrar na minha vida, decidi ativar um filtro no qual as pessoas chegam, mas permanece somente quem for leve o suficiente.

na minha vida eu só quero gente que tenha o poder de deixar o meu mundo mais suportável, que se ofereça pra sustentar o peso das coisas comigo, porque por mais que eu saiba que cada pessoa carrega consigo o seu peso, às vezes eu só quero alguém pra estar do meu lado dizendo o que eu preciso ouvir pra tornar as coisas menos cansativas.

na minha vida eu só quero gente que
não somente se faça presente nos melhores momentos,
mas que apareça quando os piores chegarem.
eu sei que às vezes a distância será tamanha,
mas eu só quero gente que me faça sentir próximo
mesmo estando do outro lado do mundo.
só quero gente que me ame por inteiro
mesmo quando faltar um pedaço de mim.

eu só quero gente que me acolha quando eu me sentir só.

que me ajude a enxergar o quanto eu sou forte,
porque às vezes eu me sinto inseguro.
alguém que me lembre do quão incrível eu sou
quando às vezes for difícil acreditar.
gente do contrário disso, prefiro não ter.

Pense em você. Coloque-se em primeiro lugar, respeite e valorize os seus sentimentos, o seu equilíbrio emocional, a sua paz. Escolha você sempre que precisar e jamais priorize uma relação, uma pessoa, uma situação que te machuque e te faça duvidar de si.

DEPENDÊNCIA NÃO É AMOR.

sempre que ouço alguém dizer
que sente medo de terminar uma relação ruim
e acabar se sentindo sozinho no final das contas,
sinto no dever de contar um pouco o que suportei.

tive um relacionamento de sete anos,
abusivo, tóxico, pequeno.
amei cegamente uma pessoa que me afastou
de vários amigos,
que tentou me distanciar dos meus sonhos,
que teve a ousadia de dizer que me amava
e, ao mesmo tempo, me diminuía.
falava em amor e se esforçava
pra me fazer acreditar que eu era incapaz,
pra que eu continuasse ali,
achando que eu realmente merecia aquilo.
por isso, digo com toda certeza do mundo
que vale muito a pena acabar uma relação lixo
e seguir em frente sozinho.
é a sua estabilidade emocional que está em jogo,
é a sua saúde mental,
é o seu sono tranquilo,
é você que está em jogo.
e você precisa escolher, por mais que doa:
VOCÊ!
nos primeiros dias, não é fácil. nunca é.

mas a cada dia que você se distancia
de alguém incapaz de te amar,
mais você se aproxima do verdadeiro amor,
aquele que existe dentro de você
e que ninguém tem o direito de te tirar.

uma hora você reencontra a sua parte perdida
aprende a reconstruir tudo.
a acreditar em você mesma de novo.
você vai perceber quanta coisa foda vai acontecer na sua vida.
é sempre assim, quando a gente tira quem atrapalha o fluxo da
nossa essência, as coisas naturalmente começam a acontecer.

eu tinha receio de que nada acontecesse
porque eu acreditava, de fato, que eu dependia daquela relação.
que eu precisava daquela pessoa pra me sentir melhor, quando na verdade, aquela pessoa só me fazia sentir mal.
até perceber que dependência não é amor,
e enxergar que eu era bem mais que isso.
e quando enxerguei: caguei pra
pessoas e relações como essas.

VOCÊ PRECISA PARAR UM POUCO DE SE CULPAR O TEMPO TODO.

compreenda que nem sempre
você vai conseguir aquilo que quer
no tempo que precisa,
e, por favor, não se culpe.

não pese o teu peito
carregando frustrações e tropeços
que você levou no meio do caminho,
compreenda que tudo serviu pra que você
se tornasse quem você é hoje,
e jamais carregue o peso das coisas
das relações
das pessoas
dos lugares
dos momentos
que não foram como você esperava que fossem.

a gente não tem tudo o que quer,
a gente não acerta o tempo todo.
às vezes a gente faz escolhas erradas,
às vezes a gente doa todo o nosso amor
pra quem nunca enxergou de verdade.
às vezes a gente passa tanto tempo
da vida da gente tentando vencer,

mas você precisa aprender também
que nem sempre a gente ganha.
nem sempre a gente escolhe o melhor caminho.
nem sempre a gente acerta os passos,
e às vezes a gente tropeça também.
o importante é não desistir da gente.

não sei exatamente o que se passa dentro de você, mas se
preocupar com o que não aconteceu,
ou com o que deixou de acontecer
é como plantar uma árvore hoje
esperando que amanhã ela já te dê frutos.
entenda que as coisas não acontecem
quando você acha que deveriam acontecer, elas acontecem
no tempo que precisam.
e cada pessoa tem o seu tempo, sabe?
cada vida é um cronômetro diferente,
cada gente tem um ponteiro irregular,
cada pessoa carrega o seu próprio peso.
talvez você não entenda,
mas eu só quero te dizer: respeite o seu tempo!
não se culpe se por acaso
você ainda não fez aquela viagem que pensa em fazer, ou se
ainda não conseguiu começar o curso que sonha no tempo
que você queria, ou se ainda não realizou alguns sonhos que
pensou que realizaria antes da idade que você tem hoje.
se culpar pelo que não aconteceu ainda
não vai te causar conforto algum.
então, em vez de carregar o teu peito de culpa, continua seguindo a sua vida com fé de alcançar tudo o que deseja,
só não desiste de você, tá?

Eu preciso parar com essa mania de achar que qualquer coisa significa muita coisa.

Às vezes não quer dizer porra nenhuma.

Deixe ir;
vai passar,
talvez não agora,
não instantaneamente,
talvez demore uns dias, meses ou um ano,
mas vai passar.

NEM SEMPRE PERSISTIR É A MELHOR DECISÃO, ÀS VEZES É MESMO NECESSÁRIO ABRIR MÃO.

das relações que te sufocam,
das coisas que perderam o verdadeiro
significado e se transformaram em toxina,
dos lugares que faltaram
espaços pra
você ser quem você é sem medo,
dos abraços que deixaram de te confortar
e passaram a te trazer insegurança.
você não precisa insistir em relacionamentos
que não te fazem mais bem.
mesmo que você ainda ame alguém,
mesmo que você sinta que dentro de você
existe um turbilhão de sentimentos te confundindo
e te fazendo ficar por mais uma estação,
mesmo que você ainda pense
em dar mais uma chance,
em aceitar só mais uma vez,
você precisa entender que desistir não significa que algo fracassou, significa somente que não dá mais.
e algumas vezes, por mais que doa partir,

você vai precisar aceitar isso.
você tentou e algumas coisas não dependem só de você.
às vezes você precisará escolher
entre a sua estabilidade emocional
ou uma relação que te aprisiona.
entre colocar alguém em primeiro lugar
ou se esquecer de si.
entre ficar por achar que ainda existe amor
e se apegar às migalhas que o outro te dá,
ou definitivamente com-
preender que você
não precisa nem merece
pouco.
você não precisa se sen-
tir mal
por fugir daquilo que te
destrói.
você não precisa tentar encontrar uma
justificativa
pra se culpar por um fim que, na verdade, te libertou.
e entenda:
algumas vezes a gente vai precisar escolher entre acabar algo
ou esperar que isso acabe com a gente.

Você não vai se esquecer de alguém que marcou sua vida.
O que resta é aprender a conviver com a dor do fim,
é se acostumar com a partida até que ela pare de doer.

Não tem como esquecer.

A gente só segue porque é a única escolha
que a vida nos dá.
Mas esquecer mesmo, não tem como.

Nem sei mais o que exatamente sobrou de mim depois de tantas relações e pessoas que, ao mesmo tempo em que me proporcionaram sentir o amor, me apresentaram também a despedida, o fim, o sumiço, a fuga e, com isso, sempre preciso aprender a me reconstruir a cada partida. E cada vez que me reconstruo, levanto paredes maiores e mais grossas. E isso é o que sobra de mim.

Chega uma hora que o coração da gente pede paz. De tanto apanhar a gente cansa das pessoas, cansa dos joguinhos que elas fazem, cansa das relações.

Entro cada vez mais dentro de mim mesmo e lá, tento lidar com a minha intensidade, que tantas vezes penso que é o problema (mas sei que não é).

E, então, construo paredes cada vez mais densas e muros cada vez mais altos, quase impossível que alguém derrube, escale ou me alcance.

Você tem medo do que a despedida de alguém pode te causar, você tem pavor de enfrentar o fim de algo. Por isso, muitas vezes você foge e acumula tantas coisas desnecessárias só para não ter que vê-las partir.

E assim você continua convivendo com o que já deveria ter jogado fora.

INSISTÊNCIA É SINÔNIMO DE TEIMOSIA, E O AMOR NÃO PRECISA DISSO.

Cheguei à conclusão de que cada dia mais eu me torno uma pessoa um pouco mais desapegada,
e, consequentemente, mais cansada das relações.

ando cansado de conhecer alguém porque sempre que me permito conhecer,
o outro encontra um jeito de ir embora.
tudo bem, eu sei que as pessoas vão embora,
que certas coisas acabam,
que a gente não tem controle sobre tudo
e que, por isso, as pessoas podem mudar de ideia,
de sentimento, de vontade.
mas só em pensar em ter mais uma dor pra administrar,
além da minha ansiedade e frustrações diárias,
me bate um receio além de um cansaço enorme, sabe?
ando cansado de voltar sempre pro início,
e definitivamente não tenho mais paciência
pra etapa de perguntas e respostas.

ando cansado de, mesmo com receio,
abrir a minha vida pra alguém conhecê-la
e de repente ter que lidar com o sumiço do outro.

mas tudo bem, as pessoas são livres,
e eu não posso exigir responsabilidade de ninguém.
dá quem tem.
ando cansado de todos esses joguinhos que as pessoas
fazem pra manter o outro por perto.
são sempre os mesmos infantis joguinhos.
não tenho mais idade nem paciência
pra enviar uma mensagem
e esperar um dia pra receber a resposta,
não tenho paciência de ficar nessa de esperar o outro falar
primeiro pra não demonstrar interesse demais.
isso tudo é uma grande merda.

eu sou do tipo de pessoa que se tiver afim,
vai sair de casa tarde da noite,
debaixo de chuva,
pegar três ônibus só pra ver a pessoa.
respondo sempre que possível
e se eu tiver mesmo interesse
não vejo razão pra deixar o outro no vácuo.

porque já não tenho tempo nem tanta fé assim nas relações,
e até admiro a minha capacidade de insistir
de tentar mais uma vez em certas coisas quando eu quero,
mas admiro ainda mais a minha capacidade de descartar,
de deixar pra lá e seguir o baile quando canso de insistir.

Você é forte, ainda que continue sendo frágil.

Você é resistente, ainda que, algumas vezes, não saiba como se reerguer.

Você se tornou alguém mais seguro, mesmo que às vezes chore porque não consegue confiar nos caminhos que percorre.

Você é foda, mesmo que não acredite nisso às vezes.

NÃO ACEITE A POSIÇÃO DE ESTAR NA GELADEIRA DE ALGUÉM.

sempre acreditei que se você quer mesmo conhecer
ficar, sair, seja lá o que for fazer com alguém,
não custa deixar a sua verdadeira intenção bem clara
pro outro.
primeiro porque existe uma pessoa do seu lado,
a fim de conhecer os seus gostos,
as curvas do teu corpo,
ou uns detalhes toscos da tua vida.
só que o que mais enxerguei em comum
nas ultimas relações
são os joguinhos que as pessoas fazem.
e eu nunca suportei isso.
comigo nunca funcionou.
quanto mais desinteressada a pessoa demonstrar ser,
mais longe eu fico dessa pessoa.
quando mais demorarem pra responder a minha mensagem
– não por alguma ocupação,
mas por puro prazer de me deixar esperando
pra me manter correndo atrás –,
mais ainda eu me mantenho distante.
quando mais falarem em saudade
e não mexerem um dedo pra me ver,
mais eu me acostumo com essa carência
disfarçada de saudade, e sigo o baile.

pra mim, as coisas precisam ser
simples e objetivas
porque odeio perder tempo,
ou perceber que estou na geladeira de alguém
que talvez nem tenha interesse algum em mim,
mas me mantém como só mais um contato
pra quando se sentir sozinho ou carente.
penso que se você sente saudade do outro,
só chegar e dizer o que sente.
se você sente vontade de convidar o outro
pra assistir a um filme,
tomar uma cerveja,
sei lá,
você precisa chegar e dizer.
mas diga só se encontrar espaço pra dizer,
seja transparente, direto, presente,
somente se houver reciprocidade.
caso contrário, ligue o foda-se!

TANTAS VEZES PENSEI EM FUGIR SÓ EM PERCEBER QUE EXISTIA POSSIBILIDADE DE O OUTRO PARTIR.

Eu tenho uma mania absurda de racionalizar tudo.
E isso, de alguma maneira,
me impede de mergulhar ainda mais fundo.
Por um lado, é como um mecanismo de defesa
pra não me afogar.
Por outro, essa defesa às vezes parece mais um ataque contra mim mesmo.
Dói pensar demais, porque me questionar demais
me faz querer fugir pra bem longe mesmo que eu queira ficar.
Pensar demais me traz medo do que nem aconteceu ainda,
e por mais que eu entenda que a única escolha quando um final acontece é seguir em frente.
O que dói é o que penso antes disso acontecer,
é aquela breve preocupação de que vai chegar ao fim,
e então, antes que chegue eu já me preparo,
já vou me colocando pra fora da vida do outro,
já vou me convencendo de que vai acabar
pra me acostumar quando a despedida acontecer
e não doer tanto.
Eu já devia ter me acostumado com tudo isso, confesso.

Porque no final das contas parece o mesmo roteiro,
só mudam os personagens.
Você conhece alguém, acha interessante
e se permite conhecer um pouco mais.
Conversa, ri, conta sobre si e ouve um pouco sobre o outro,
fala sobre cinema, comida, lugares e artes,
trilha alguns planos, por mais pequenos que sejam.
Sai de casa porque o outro é alguém bacana o suficiente pra te fazer tirar a bunda do sofá e marcar um encontro por mais cansado que você já esteja.
Volta pra casa com um sorriso no rosto porque alguém que você acabou de conhecer fez o teu dia melhor.
Mas então, o outro se afasta gradativamente.
De uma hora pra outra, a conversa silencia nas redes sociais.
Nem você, nem o outro puxam mais assunto.
Você fica se perguntando o que aconteceu,
só que às vezes não precisa acontecer nada pro outro ir embora.
E isso é uma droga.
Perceba, não falo sobre o fato de se apegar a alguém
ou a culpa de criar expectativas sobre uma relação que acabou de repente.
Falo sobre o quanto isso massacra a gente,
o quanto desgasta, e o quanto faz a gente se cansar das relações, das pessoas, de sentir.
Não culpo ninguém, pra ser sincero me parece que tá todo mundo no mesmo barco.
As pessoas parecem se preocupar mais em como vai ser a transa do que como é a essência do outro, e se você não faz parte das pessoas que só estão em busca do prazer sexual, você se sente ainda mais massacrado.
E cada vez mais, eu me canso.
Me torno mais razão e menos emoção.
E com mais frequência, me bate uma loucura incontrolável de querer fugir antes que fujam de mim.

Repita pra você sempre que precisar:

Minha estabilidade emocional vale mais do que qualquer pessoa. Minha saúde mental vale mais do que qualquer relação complicada. Meu sono tranquilo vale mais do que qualquer sentimento que me traga insegurança e não seja recíproco.

NEM SEMPRE AS PESSOAS VÃO SENTIR POR VOCÊ O QUE VOCÊ SENTE POR ELAS. DÓI, MAS VOCÊ SÓ PRECISA ENTENDER.

Ouvir você dizer que estava confuso
depois de todos os momentos que passamos,
doeu e não foi pouco.
Eu sei que às vezes eu sou um exagero em pessoa,
mas hoje, preciso dizer que essa sensação
de que passou um furacão aqui no meu peito,
bagunçou tudo
e tirou tudo do lugar.

Você disse que não era nada comigo,
me pediu pra ficar tranquila,
continuou dizendo que eu era uma pessoa incrível
e que eu merecia encontrar alguém do meu nível
compatível com o meu tamanho.
Eu sei, concordei.
Mas outro dia, eu lembro bem
quando te disse que eu preferia parar com tudo isso,
quando eu disse que estava com medo do que
tudo isso pudesse se tornar,
quando eu te falei que poderia dar merda

foi porque eu sabia que uma hora ou outra
era eu quem iria me foder.
Você não entendeu,
disse que deixasse as coisas rolarem.
Eu que sempre acreditei na naturalidade das coisas
e na espontaneidade dos sentimentos, deixei.
Deixei que você entrasse cada vez mais
na minha vida.
Permiti que você conhecesse os meus medos,
os meus planos de dominar o mundo
e sonhos mirabolantes.
Eu dividi contigo os meus momentos de ansiedade,
sem pensar duas vezes,
te revelei todas as partes de mim,
as boas e as não tão bonitas assim.
Você sorria quando eu dizia que estava cansada do mundo,
falava que iria ficar tudo bem,
quando me esgotava da rotina.
E de fato, tudo ficava.
Acho que me acostumei com esse abraço
que você me dava através das palavras,
com o sorriso que saltava dos teus olhos
e parecia me pedir pra ficar.
Me acostumei tanto com a tua presença,
que em nenhum momento passou pela minha cabeça
que você pudesse se transformar em ausência.
Inocência da minha parte, talvez.
Mas eu não escolhi gostar de você, sério mesmo.
Me desculpa se eu não deveria.
Eu só preciso aceitar o fato de que as pessoas
não vão sentir por mim o que sinto por elas.
Isso dói, confesso.
Mas eu preciso entender.
E só.

Para você que está lendo:

Talvez não passe hoje,
talvez não passe amanhã,
mas uma hora isso vai passar
e quero que quando passar,
aprenda a pensar mais em você,
nos seus sentimentos,
e saiba que a culpa não pode ser de quem se doa demais.

O problema está em quem se doa de menos.

ÀS VEZES A GENTE SÓ PRECISA COMPREENDER QUE AS RELAÇÕES ACABAM, E QUE ISSO NÃO SIGNIFICA QUE NÃO EXISTIU AMOR. A GENTE NÃO PRECISA INSISTIR TANTO A PONTO DE TER QUE ACABAR ALGO PORQUE SÓ MACHUCA.

ainda que eu gostasse tanto de você,
ainda que eu soubesse dos planos que fizemos juntos,
ainda que eu te amasse a ponto de te perdoar
por todos os erros
por todas as repetições
por todas as decepções,
ainda que eu achasse precisar de você
pra amenizar a dor de partir,
tudo isso precisava chegar ao fim,
e ainda que eu não quisesse
sei que foi melhor assim,
o nosso amor deixou de ser amor

quando a gente só sabia se machucar.
o nosso amor perdeu o sentindo,
e a gente acelerou mesmo sabendo
que não tinha mais pra onde ir,
só pra não admitir que a gente precisava mesmo
era puxar o freio de mão e ir embora.
foi inconsequência, descuido, egoísmo nosso
empurrar os nossos sentimentos pra dentro
e insistir que eles ficassem,
quando eles só queriam fugir.
não é tão simples compreender que acabou,
mas às vezes a melhor escolha que podemos fazer
é recolher a nossa bagagem,
colocar dentro dela tudo o que restou de nós,
e saber que a nossa estabilidade emocional
vale mais do que qualquer relação que
nos tire o sono, a paz, a vontade de sentir.
No começo, a gente sente falta sim, não vou mentir,
mas eu costumo acreditar que isso passa,
e é melhor se acostumar com a falta daquilo que não merecemos e por teimosia insistimos em querer,
do que ficar e cada vez mais se perder.

PARA VOCÊ QUE ANDA SE CULPANDO PORQUE ALGUÉM SE FOI.

Você não tem culpa porque os outros escolhem não permanecer.

Você é imenso, não acredite que o afastamento das pessoas diminui o seu tamanho.

Ninguém é obrigado a ficar. E você só precisa aprender a lidar com isso.
Você não se torna incapaz por ter se doado demais e mesmo assim alguém ter partido de você. Talvez seja mais sobre a incapacidade do outro de te enxergar.

Tá tudo bem. Você fez o que pôde.

VOCÊ É INCRIVELMENTE FODA.

você é maior do que imagina.
você é incrível.
você consegue, você é foda.
não deixe que ninguém te faça desacreditar nisso,
que nenhuma tempestade te faça desistir
e que nenhum medo te impeça de continuar.
promete (não pra mim nem pra ninguém),
mas promete pra si mesma,
que vai olhar mais pra você,
que vai, a partir de agora,
mergulhar ainda mais aí dentro
e se for necessário, ficar lá por um tempo.
e perceber
mesmo em meio a toda bagunça,
o quão você é incrível.
não interessa se alguém não conseguiu enxergar isso,
não importa se alguém foi incapaz de perceber
a sua grandeza, a sua dedicação, o seu amor.
o mais importante é que você saiba,
que todo mundo tem dias ruins,
todo mundo, um dia, vai se decepcionar com alguém,
com a vida, com alguma coisa que seja,
pra isso só basta viver.
todo mundo vai ter a experiência não tão agradável
de amar alguém complicado.
todo mundo, ao menos uma vez,

vai doar tudo que tem pra alguém
o tempo, o afeto, o sono
e ainda assim o outro não vai ser capaz de retribuir.
apesar de tudo isso
não duvide da sua capacidade de amar,
saiba que algumas desilusões são inevitáveis,
mas necessárias pra gente crescer.
você sabe o que fez, o quanto fez. o quão sincero foi.
você conhece a sua verdade.
se achar necessário, se tranque um pouco dentro de si,
chore hoje, amanhã, chore o tanto que der
pra aprender a lidar com a dor
mas não esqueça que o teu corpo
e a tua mente precisam de você.
saiba que você é a sua casa.
cuide de todos os seus cômodos internos,
não jogue mais nada pra debaixo do tapete
e admita de uma vez por todas que o que não serve
não precisa mais ocupar espaço na sua vida.
siga em frente
como tem que ser.

UM BREVE TEXTO PARA TE DIZER: VOCÊ PRECISA SEGUIR.

Tudo bem que o outro foi embora. Agradeça pelas coisas boas que aconteceram,
e se algum machucado ficou, transforme a dor em aprendizado. Acredite que, às vezes, algumas relações não são feitas para durar tanto tempo, elas duram o tempo que precisam. E você precisa seguir.

Aprenda também que ninguém entra na vida da gente por acaso. Podem entrar no momento errado, podem entrar justamente quando a gente estava meio bagunçado. Mas independentemente se as pessoas ficam ou apenas passam e vão embora, elas nos ensinam algo em algum momento, e isso não é ruim.

Saiba ser sutil pra enxergar os detalhes bons e tenha maturidade o suficiente pra lidar com o fim ainda que ele te desestabilize. Seja capaz de admitir quando não existirem mais razões para continuar. E compreenda que você não precisa se culpar, muito menos dar as mãos para as dores que precisam passar.

Entenda que, você querendo ou não, as pessoas vão sair da tua vida. Muitas vezes, como se nunca tivessem entrado. E tudo bem, você não precisa se sentir incapaz por isso. Algumas pessoas vão escolher partir mesmo com tantos motivos que você deu pra ficarem. Algumas pessoas vão sumir mesmo você dando abertura suficiente para o outro dizer ao menos um "adeus".

E paciência, você não precisa se colocar pra baixo por isso.

O AMOR ÀS VEZES PERMANECE SOZINHO.

planejando viagens,
lendo um bom livro sexta-feira à noite,
observando a lua e confessando pras estrelas os sonhos e planos que te movem.

o amor também fica só.
cansado de se meter em relações frias
se esquentando debaixo do edredom, assistindo a algum filme e rindo de como os personagens se assemelham às pessoas da vida real.

o amor
às vezes
fica só.
sozinho ele se preenche, se torna autossuficiente.

talvez acabe pedindo uma pizza, colocando the strokes pra tocar,
de vez em quando olhando pro passado e sorrindo tranquilo por
ter sido tanto amor pra superar o que um dia enganou.

saindo por aí em busca do que te faz feliz
sem ter medo do que um dia te fez chorar.

às vezes ele está mais perto do que você imagina.
do seu lado. em frente ao seu espelho.
ou melhor, dentro de você.

VOCÊ NÃO VAI ESQUECER.

desculpa te dizer isso, mas não tem como esquecer alguém que você amou.
não tem como apagar da memória.
você não acorda numa segunda-feira e diz: "pronto, superei".
aconteceu, está ali. marcado.

mesmo que os olhares não se percebam mais,
mesmo que já não tenham mais ligações,
mensagens, notificações.
mesmo que os lugares mudem,
novos ciclos comecem e viagens aconteçam.
mesmo que as músicas percam o sentido,
os textos não caibam mais na história
e as fotos sejam apagadas.
mesmo depois do fim.
você não esquece.
ainda que você se transforme
e enxergue o mundo
com outros olhos,
ainda que você mude tanto a ponto
de não parecer nem um pouco
com a pessoa que você era no passado,
não tem como esquecer.

você não vai esquecer alguém que marcou sua vida.
o que resta é aprender a conviver com a dor do fim,

é se acostumar com a partida até que ela pare de doer.
não tem como esquecer.
a gente só segue porque é a única escolha que a vida nos dá.
mas esquecer mesmo, não tem como.

NÃO SE SINTA CULPADO POR TER DOADO TANTO DE SI E, NO FINAL DAS CONTAS, TER ACABADO. VOCÊ FEZ O QUE PÔDE.

de uma vez por todas,
coloque isso na sua cabeça:
você nunca será incapaz por ter se doado
em uma relação e, ainda assim, ela ter acabado.
você nunca será o culpado
por ter sido incrível demais pra alguém pequeno demais.
você não deve se colocar pra baixo
pra tentar justificar o fim de algo.
você não precisa carregar as indecisões do outro
nas costas e se torturar só porque você
não consegue entender.
saiba que, algumas vezes,
não vai ter explicações, despedidas, últimas conversas.
às vezes a resposta vem em forma
do silêncio, do vazio, do sumiço.
e você vai precisar aprender
urgentemente a se preencher sozinho.
eu tenho certeza que você carrega
sentimentos pra caramba aí dentro,
é só você depositar todo o amor que você possui

em você mesmo.
por mais que seja difícil, eu sei,
busque a maturidade,
e entenda se alguém não foi capaz de enxergar
a grandiosidade em pessoa que você é,
paciência, você não deve se diminuir por isso.
compreenda,
algumas relações não vão ser recíprocas,
o mundo não gira em torno de você,
da mesma maneira que o seu mundo não deve girar em torno
dos outros.
E não esqueça,
onde não existir reciprocidade, não se demore!

Não sinta vergonha por ter se entregado demais,
não se culpe por alguém ter feito você de trouxa.
Você não precisa duvidar da sua capacidade
só porque alguém não te enxergou.

Se alguém não te percebe
isso não diminui o quanto você é incrível.
Talvez o outro não te mereça de fato.

INDEPENDENTEMENTE DAS SUAS DECEPÇÕES E MACHUCADOS, NÃO PERMITA QUE TUDO ISSO TE TRANSFORME EM ALGUÉM INSENSÍVEL. SE ESTIVER CANSADO DAS RELAÇÕES, PARE UM POUCO, MAS JAMAIS PERCA A SENSIBILIDADE AO AMOR.

ontem vi um casal namorando,
e parei pra observar.
eles estavam sentados na grama
com as pernas entrelaçadas e as mãos cruzadas.
por vezes, um deles trocava a mão de posição,
revezava entre carinho na nuca e na orelha.
eles se encaravam por alguns segundos
quando não tinham mais assuntos
e sempre sorriam antes e depois do beijo.
achei linda a cena.
era final de tarde,

até que o sol começou a se pôr,
e então o momento ficou ainda mais memorável.
as cores em dégradé alaranjado das nuvens.
um deles tirou a foto e registrou o momento
enquanto o outro estava distraído olhando pro céu.
depois eles se levantaram, deram as mãos
foram embora. eu permaneci observando.
existia algo entre eles, delicado e bonito
e essa coisa expressiva
me deu um soco no estômago.
por um momento me perguntei:
"será mesmo que ainda possuo a capacidade
de sentir algo por alguém?",
porque já são tantas decepções acumuladas
que acho que me tornei uma pessoa anestesiada emocionalmente.
isso não quer dizer que eu não quero mais sentir,
isso é sobre tudo o que um dia senti por alguém,
sobre a intensidade tamanha que fui e que sou para mim,
para os outros e para qualquer relação que me permito entrar.
é sobre ser demais e ter a impressão
de que só esbarro em gente de menos.
é sobre ser muito, ser tanto
a ponto de transbordar, porém ter o azar
de encontrar quem não devia.
é sobre o cansaço que me dá
em deixar o meu coração mais disponível
justamente pra quem visualiza e não responde.
é sobre se cansar de me dispor totalmente
porque é exaustiva a maneira que as pessoas lidam com os
sentimentos e com as outras.
só acho que cada vez mais que conheço,
menos quero conhecer da próxima vez,
e então percebo que me ter,
só eu e eu mesmo, está sendo o suficiente.

o único problema nisso tudo
é que cada vez em que mergulho dentro de mim
menos eu quero sair de lá pra mergulhar em alguém.

VÃO TENTAR TE FAZER ACREDITAR QUE VOCÊ NÃO É O SUFICIENTE. SEJA O SUFICIENTE PRA SI.

Eu vi muitas vezes você dizer
que eu não era o suficiente
e por mais que eu soubesse
que sou intensamente profundo.
Você me fez duvidar disso.

E todas as vezes que prometi partir
você disse, tentando me convencer,
de que era melhor ficar
porque você era tudo do que eu precisava.
E com toda insegurança que você me passava,
restava acreditar que o pouco que tinha
era tudo o que eu merecia.

Você falava que iria melhorar,
me prometia que não iria mais machucar
olhava nos meus olhos
falava de amor
com a profundidade de quem sente realmente,
e apesar de desconfiar que as tuas palavras
não passariam de promessas corrompidas,
eu ainda acreditava.

Tantas vezes eu perdi o equilíbrio de mim mesmo
buscando alcançar a estabilidade do nosso amor.
Tantas outras perdi o sono, perdi a paciência,
perdi os meus sentimentos até me perder de mim
e chegar num momento em que não conseguia
mais fingir que estava tudo muito ruim.
E aí está o erro, ter insistido nisso
achando que eu sozinho tinha o poder de organizar tudo.
Amor nem sempre é sobre ficar com alguém.
Às vezes é sobre você aceitar o fato
de que não precisa continuar com aquilo.

Eu sabia exatamente o que fazer, mas não conseguia dar o primeiro passo porque eu tinha medo. Medo de não conseguir reaprender a ser só, medo de estranhar a minha companhia.

Mas, cedo ou tarde, a gente aprende
de uma vez por todas, a aceitar a gente de volta
e entender que não existe lugar, nem ninguém
melhor que o nosso próprio peito.

Depois do fim, a gente passa por vários processos e vai ser difícil manter o equilíbrio e a sua decisão de seguir em frente de pé.

Você vai ter saudades, vai sentir a dor da falta, vai pensar dezenas de vezes em voltar, mas toda vez que isso acontecer você precisa usar a razão.

Você não precisa se submeter a situações que te ferem e relacionamentos que te desequilibram só por medo de ficar sozinha.

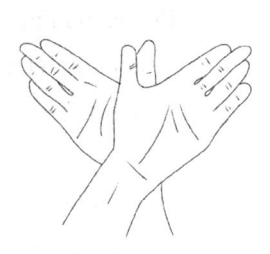

Você é maior e melhor do que isso.

SUPERE. VOCÊ SÓ PRECISA ACEITAR.

foi numa terça-feira de Carnaval
que vi que a pessoa que um dia foi o amor da minha vida,
havia encontrado o amor da vida dela.
e isso não me doeu nada, juro!
tinha tudo pra doer, mas não doeu.
deixa eu te explicar o porquê.

foram muitos términos até eu decidir
de uma vez por todas partir e nunca mais voltar,
porque sempre que cometia a bobagem de retornar,
as dores acumulavam,
a ferida nunca sarava.
não tem como parar de doer enquanto a gente insiste em continuar com o motivo da dor.

até que finalmente chegou o dia em que
tomei toda coragem que me faltava e fui.
com vontade de voltar, mas fui.
com saudade acumulada, mas fui.
com a dor da falta, mas fui.
fui porque percebi o quanto tinha perdido
e eu não queria mais perder.
estava cansado, sabe?

eu fui e levei comigo muita coisa desnecessária.
havia rancor, havia mágoas,
machucados que pareciam nunca sarar.
eu não sabia quando tudo iria passar,
mas todos os dias eu acordava
decidido a seguir em frente,
porque continuar naquilo era retroceder.

e eu não suportava olhar na cara dele,
nem ouvir sua voz, nem responder suas mensagens irônicas.
eu não conseguia enxergá-lo mais como alguém que amei,
porque ele se tornou a pessoa que eu preferiria não amar.
o apego me fazia chorar,
a dependência me tirava o sono,
naquela época eu acreditava que era o amor
que eu sentia que me fazia passar por isso.
mas na verdade, o amor já tinha ido. bem antes de mim.

eu precisava aceitar.
aceitar que as ligações não iriam mais existir,
e que se existissem eu teria que recusá-las.
aceitar que as mensagens não chegariam,
mas que se chegassem, eu teria que bloqueá-las.
o processo não foi fácil.
se passaram duas semanas
dois meses,
mas eu só conheci a indiferença
depois de um ano.

o que quero dizer pra você é:
não importa quanto tempo dure pra você não sentir mais absolutamente nada por alguém, o importante mesmo é enxergar que precisa seguir em frente e entender que cada pessoa tem o seu tempo.

nenhuma dor do fim é eterna,
nenhuma saudade de algo que acabou é eterna,
nenhum sofrimento é eterno,
tudo começa, permanece o tempo que precisa
pra que a gente possa aprender o necessário,
e passa.

você acreditou que seria eterno, mas acabou.
então acredite também, a dor há de acabar.
e não vai doer mais porque o mundo gira, porque você se transforma, nada fica no mesmo lugar. se te marcou, ficará em algum lugar dentro de você. não tem como esquecer. não tem como apagar porque a vida não é como a galeria de fotos do celular que excluímos e pronto! a gente só precisa aprender a deixar em algum canto dentro de nós até que não faça diferença mais.

Você quer tanto ficar com aquela pessoa
que não percebe que o melhor é não
estar com ela.

Tem coisas que a gente precisa deixar que passe,
precisa deixar pra trás e seguir em frente.

Tem gente que não merece ficar na vida da gente
e é libertador quando percebemos isso.

OUÇA SUAS DORES, ENTENDA QUE PARTIR É NECESSÁRIO PARA CURÁ-LAS, MAS JAMAIS SE ACOSTUME COM O QUE TE MACHUCA.

quando decidi partir de uma relação que estava me intoxicando, muitas pessoas me apontaram porque eu não considerei que o outro ainda precisava de mim. mas, às vezes a gente precisa priorizar a nossa saúde mental, a gente precisa escolher a gente. e isso não é egoísmo.

lembro que tentei muito antes de ir embora. eu disse o que estava me machucando, eu falei sobre os erros repetidos da outra pessoa, eu conversei bastante porque acho que ser sincero com o outro e dizer aquilo que você está sentindo, é o mínimo que você precisa fazer. e eu deixei o outro ciente de que estava cansado, de que eu estava exausto de insistir em uma relação que no final das contas sempre me levava a caminhos inseguros demais.

independentemente da sua necessidade de partir, algumas pessoas vão te criticar por você ter ido embora enquanto o outro te queria por perto. mas veja bem, não é sobre o outro te querer ainda, é sobre ser sincero consigo e honesto com outro, porque não faz sentido ficar sem querer. é sobre aceitar quando não dá mais, e perceber que às vezes o que te quer pode não te fazer bem.

são escolhas difíceis, confesso. dei várias oportunidades porque eu acreditava que teria uma solução. eu estava errado, obviamente. foi então que precisei dar chances a mim mesmo, até me convencer que eu não devia me submeter a uma situação que só me trazia desconforto, sabe?

e eu fui.

ele ainda disse que eu estava errado em ir embora. mas mesmo assim eu fui porque algo dentro de mim me dizia que era a coisa certa a fazer. e eu prefiro ouvir as minhas dores do que dar ouvidos ao motivo delas.

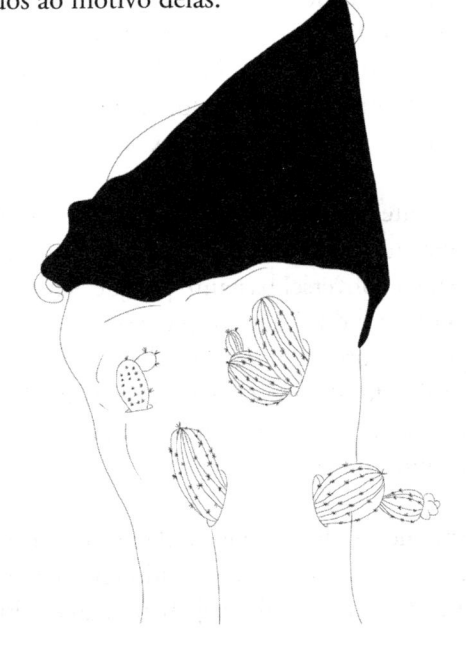

Admiro quem é capaz de amar o outro incondicionalmente, mas tiro o chapéu para quem tem coragem de partir mesmo amando pra caramba, quem sabe enxergar quando ali não mais lhe couber e percebe que ir embora, às vezes, é a escolha mais sensata a se fazer.

VOCÊ PRECISA SEGUIR.

independentemente da dor que você está sentindo, e da bagunça que te deixaram e que você tenta, mas ao mesmo tempo parece ser tão difícil se desvencilhar, você precisa seguir.

independentemente de quem te machucou, de quão grave ficaram as rachaduras no teu peito, ou de qual proporção do desastre que você sente dentro de ti, você precisa seguir.

independentemente se você sente que neste instante a insegurança tomou conta de você, e agora tudo o que você deseja é vestir a capa de invisibilidade pro amor, pra que nunca mais ele te encontre, você precisa seguir.

este texto é pra te dizer
que você precisa seguir,
e que seguir, por vezes,
é abrir mão daquilo que você carregou por tanto tempo.

ANDEI PENSANDO SOBRE O AMOR E CHEGUEI À CONCLUSÃO DE QUE É MUITO MAIS FÁCIL AMAR ALGUÉM DO QUE AMAR A SI MESMO.

é lindo você aprender a olhar pra si
e se sentir autossuficiente,
mas é um processo árduo, e às vezes cansativo.
e por mais que a gente entenda
que é preciso se amar em primeiro lugar,
às vezes a gente não consegue agir de acordo com aquilo que pensamos.

é difícil pra caralho ter o controle de si nas mãos,
saber a hora exata de partir, compreender os lugares que não devemos nos meter, saber que algumas pessoas vão ser pequenas demais pro nosso gigantesco amor.
a gente sabe de tudo isso. isso não é nenhuma novidade.
o problema é que, às vezes, a gente não consegue acreditar nisso.

e então a gente foge da realidade porque ela dói.
a gente finge que é melhor ficar
pela insegurança de não conseguir se acostumar com a falta.
mesmo que gente sinta quando não dá mais,

um lapso de insegurança dentro da gente faz a gente acreditar
e insistir,
mesmo quando a gente já sabe que não merece se submeter
a certas situações.

eu, por exemplo,
sei que preciso me colocar em primeiro lugar para que, assim,
eu possa encontrar alguém que se coloque também em primeiro lugar e a relação se torne mais leve.
compreendo que eu precisarei partir de certas pessoas mesmo
as amando,
e que algumas vezes terei que ir embora não por falta de
amor, mas por ter de pensar no meu amor-próprio.
entendo que eu preciso me priorizar,
que tenho que preservar a minha estabilidade emocional
que não devo abrir mão da minha paz
em troca do amor de ninguém nesse mundo.

mas caramba!
como é difícil lembrar disso tudo o tempo todo, não é?
como é difícil lembrar que a gente por si só se basta,
que somos completos, imensos, capazes,
mesmo que sozinhos.

quando parece que você já sabe se amar o suficiente,
a vida te coloca em situações e te mostra
que você precisa se amar muito ainda.
amar o outro é fácil.
difícil mesmo é lembrar de se amar. todos os dias.
até nos dias em que você não consegue se olhar no espelho
direito.

NECESSIDADES

Às vezes é preciso ir embora,
mesmo que você queira ficar.

Às vezes é preciso fechar um ciclo
ainda que você queira continuar.

Às vezes você precisa do fim, mesmo que te doa. Às vezes é necessário largar a mão de um amor por alguém e segurar firme o amor por você.

NÃO SE ACOSTUME AO CAOS. POIS VOCÊ É CALMARIA.

vamos lá, pensa comigo. será que vale mesmo a pena insistir em uma relação que te declina em troca de algumas horas, talvez poucos dias de calmaria pra depois voltar tudo ao que era antes: um caos?

é difícil partir, eu sei.
a dor de lidar com o fim
a dor da falta é titânica.

mas, por favor, não se convença de forma alguma que a sua permanência é sinônimo de força. porque a cada dia que você fica, mais você sente que deve partir.

mesmo que por teimosia, apego,
ou qualquer coisa que te faz persistir nisso,
perceba que o teu corpo já não suporta mais ficar, você está exausta.
a tua mente já entendeu que precisa ir
ainda que não tenha te convencido a partir, de fato.
mas você por inteira já não suporta manter aquilo que te dói.

você vai me dizer que não é fácil.
eu concordo. porque já passei por isso.
já tive que me acostumar com a ausência de alguém que amei, não porque eu queria, mas porque eu precisava seguir

em frente. mesmo que soubesse que seguir em frente significaria conviver com dias difíceis. ainda que a minha mente, em vários momentos de fraqueza, me fizesse pensar que era melhor voltar.
eu sei, sempre soube que voltar era como resetar todo o meu processo de liberdade e desapego. e isso era tudo o que eu não queria.

alguns dias eu chorava no meu quarto, em outros, ao acordar, a primeira coisa que fazia era abrir as redes sociais em busca de algum sinal, alguma mensagem, alguma coisa que me fizesse acreditar que não tinha acabado. não podia ser verdade.

eu me torturava, me autossabotava, me culpava por algo que não estava somente em minhas mãos.

teve dias em que eu me alimentava só de saudade, literalmente. cada dia era como um novo estágio que eu precisava superar pra encontrar a minha completude.

e não foi fácil.
mas foi um dos processos mais bonitos que passei para alcançar o meu amadurecimento. eu precisava me permitir aprender, compreender, aceitar, tudo isso em troca de uma transformação pessoal.

você só precisa seguir em frente. e não vai ser em vão, acredite. se estiver exausta, senta uma pouco, pensa um pouco.

mas não volta pra aquilo que te bagunça, não.
Obs.: qualquer insegurança volte para o início deste texto e leia novamente.

NÃO SEI EXATAMENTE O QUE ME DÓI MAIS.

se é ter aberto o meu peito pra que você ficasse o tempo que quisesse, mesmo que eu soubesse que a qualquer momento você poderia partir, porque não te cabia ficar uma eternidade. ou se a eternidade talvez seja equivalente ao tempo que as lembranças ficam, e só eu preciso aprender a lidar com isso. porque muita coisa vai ficar. e a eternidade talvez seja o tempo entre a descoberta e a despedida. entre o que acontece por enquanto e o fim. a eternidade está nas coisas que ficam não somente nos nossos pensamentos, mas aquele pedaço do outro que resiste em nós e muda um pouco a nossa maneira de enxergar a vida.
só que independentemente de tudo isso
ter ouvido você dizer: "vamos até o fim" me fez acreditar que o fim nunca chegaria.
mas eu sei, a eternidade está ali.
no fim também.

a gente só preciso aceitar, pra entender a delicadeza das coisas que acabam e ter a capacidade de absorver e agradecer pelo que foi vivido, e jamais ofuscar o que a vivência com o outro proporcionou só porque, inevitavelmente, acabou.

SOBRE MATURIDADE.

Maturidade é aprender a lidar com a falta daquilo que deveria te fazer bem mas só estava te fazendo mal, ainda que você queira voltar, ainda que você se sinta sozinho, ainda que você pense na hipótese de retornar.

Maturidade é saber que nem sempre aquilo que você quer é o que você precisa. A falta de alguém que ocupou por tanto tempo um espaço na sua vida vai doer, sim, e maturidade é justamente aprender a lidar com partida, porque uma hora esse sentimento de vazio vai passar. É só uma questão de tempo pra você voltar a preencher os espaços com um pouco de si.

Maturidade é ser forte, mas é também ter a capacidade de conviver com suas fraquezas, de lidar com seu apego e desconstruir qualquer sentimento que te faça querer voltar ao ponto que te machuca.

Maturidade é sobre você reconhecer o seu tamanho, é sobre saber que precisa de si, mesmo que por engano você pense que precisa mais do outro.

Já parou pra pensar no quão forte você é
e no tanto de coisas que suportou e superou até aqui?
Já parou pra perceber que todas as decepções que te fizeram
pensar em desistir de você e ainda assim você continuou, te
transformaram na pessoa incrivelmente forte que você é hoje?
Já pensou no tanto de amor que você ainda tem, e apesar de
tudo que passou, na pessoa intensa que você continua sendo?

se ame mais e se culpe menos.

ALGUMAS COISAS TÃO SIMPLES PARA VOCÊ LEMBRAR AO ACORDAR:

Se algo ainda dói, permita-se sentir a dor e aprender com ela, mas não se acostume com o que te machuca.
Se não deu certo ontem, não quer dizer que nunca vai dar certo. Amanhã é outro dia.

Você não é o que os outros não conseguiram enxergar em você.
Você não se torna incapaz só porque o outro não conseguiu sentir a sua intensidade, ok?
Você não deve se culpar pelo que os outros não foram para você.

Nem todo mundo será capaz de mergulhar na sua imensidão, e tudo bem.
Mesmo que você queira, algumas vezes isso não será o suficiente. Resta só aceitar.

Tá tudo bem parar um pouco. Respira fundo, toma fôlego e vai.

Quando a gente ama, a gente só pensa em dar uma nova chance pro outro aprender a fazer direito. E então a gente se coloca como cobaia dos sentimentos dos outros, enquanto o outro testa seus erros em nosso peito até acertar.

Não dá, definitivamente não dá.

A gente precisa se dar conta que não somos nem precisamos ser saco de pancadas, nosso peito não é esteira, e nós não devemos nem podemos abrir o peito para a indecisão de ninguém.

Se machuca, não tem outra escolha a não ser...

Deixar pra trás.

POR MAIS DIFÍCEIS QUE POSSAM SER, ESCOLHAS SÃO NECESSÁRIAS.

para o seu próprio bem,
você vai precisar se distanciar de pessoas,
pôr alguns pontos finais em relações
que te deixam pra baixo,
fechar ciclos,
se afastar de quem não te cabe mais,
e por mais que você ame,
você vai precisar entender também
que ou você recolhe o seu amor ou você o perde.
preciso te dizer que não é fácil
se desfazer de algo que te marcou.
mas você vai precisar se desprender disso.
até que você aceite tudo,
muita coisa vai doer.
até que você supere tudo,
muitas lágrimas vão rolar.
e cada pessoa tem o seu tempo, sabe?
às vezes passa amanhã, outra hora, ano que vem.
você só precisa permitir que passe.
e toda vez que você se perguntar o que fazer,
e bater a incerteza de qual caminho seguir,
entenda que precisou acabar, foi melhor assim.

coloque tudo pra fora
e não se culpe quando lembrar os poucos dias
que essa relação te fez bem,
considere o quanto ela te fez mal.
parece utópico demais acreditar
que às vezes será necessário desistir
mesmo amando alguém.
mas você vai entender,
pra que o amor valha a pena, precisa ser recíproco,
e nem sempre as relações vão ser.
pra que o amor seja memorável
precisa ser sentido por mais de um
e você vai precisar escolher
entre insistir ou recuar.
em nome da sua estabilidade emocional,
e da sua saúde mental,
você vai precisar entender que
desistir, recuar, se retirar
de algumas relações e pessoas
não significa fracasso,
às vezes é sobre ser leal a você, ao que você sente.
e ninguém falou que as escolhas são fáceis,
só são necessárias.

era uma segunda-feira
quando acordei, me olhei no espelho
e senti vergonha por ter implorado que você ficasse,
por ter, numa atitude de desespero,
jogado na sua frente todas as coisas boas que te fiz
quando na verdade você deveria saber disso.

me culpei por ter me entregado demais,
e, consequentemente, ter esperado o mínimo da sua entrega
também.

como fui capaz de pedir que você ficasse quando você só queria partir?
como pude te colocar a minha frente, como se você fosse a coisa mais importante pra mim, naquele instante?

eu só queria que aquela noite de domingo
fosse deletada da minha memória.
porque doía e não era pouco, sabe?

mas com o tempo eu fui aprendendo e enxergando que a tua partida era um favor que você estava me fazendo, que a pessoa mais importante pra mim estava ali, na frente do espelho.
e que por mais que a escolha do outro me doa pra porra, eu não posso fazer absolutamente nada, senão respeitar e fazer ficar tudo bem pra mim.

SOBRE SUPERAR.

quando terminamos, eu pensava na pessoa a todo momento. de manhã, de tarde, de noite. achava que nunca mais deixaria de pensar. e de fato, estava certo. a gente não deixa de pensar completamente, às vezes a gente pensa involuntariamente. ainda que não faça mais sentido, nem doa.

vez ou outra vem uma lembrança, um pensamento, um momento, bom ou ruim, mas que no final das contas tiramos como aprendizado. inevitavelmente a gente pensa no outro. ainda que não queiramos voltar, ainda que a gente já tenha superado, ainda que a gente já seja outra pessoa.

pensar no outro não quer dizer que a gente queira viver aquilo novamente, muito menos que sentimos falta ou saudade. às vezes é só uma lembrança solta, perdida em meio à bagunça que somos e de vez em quando aparece ali, empoeirada, velha. a gente só vê e joga fora. não sente nada.

quando terminamos, eu pensei que nunca iria me acostumar com o espaço que ficou, que sempre iria sentir como se algo faltasse, como se eu não existisse mais por completo.

cada vez que eu pensava, a lembrança vinha como um soco no estômago, doía, tirava o sono, faltava ar. até que um dia eu pensei e não senti mais nada. nada doeu. nada.

foi nesse momento que percebi o significado de superar. superar alguém ou algo não é sobre esquecer o que aconteceu, porque é improvável esquecer o que foi vivido.

superar não é ignorar as marcas que carrego. superar é olhar pras elas, pras lembranças, pra qualquer pensamento intruso que possa aparecer, e não sentir nada.

é sobre sentir o seu corpo resistente e o seu peito destemido, a ponto de te tornar alguém maduro e preparado o suficiente pra redescobrir o amor.

pelo outro, por si mesmo.

PARA TODAS AS PESSOAS APAIXONANTES.

admiro pessoas que mesmo com tantas marcas, ainda conseguem ser pessoas apaixonantes.

mesmo com as decepções, mesmo com os términos, mesmo com todos esses joguinhos que as pessoas fazem hoje em dia.

mesmo quando o mundo capota, consegue ser alguém apaixonante.

admiro quem se entrega como se nunca tivesse quebrado a cara, como se o peito não tivesse uma marca sequer.

admiro pessoas que mesmo com tanta bagunça que outras causaram, ainda insistem em ser boas para os outros, pessoas que respeitam sua intensidade e reconhecem que viver é se entregar, e que fugir por medo de sentir pode até te poupar alguns machucados, mas te poupa também da vida, de vivê-la como tem que ser vivida.

admiro quem coloca o coração ao sol, quem estende sua alma no varal numa tarde de domingo, quem brota o sorriso do rosto ainda que carregue algumas marcas, como uma rosa desabrochando mesmo que conviva com os espinhos do seu corpo.

admiro quem transforma todos os momentos em que foi passado pra trás, em maneiras de olhar pra si mesmo com mais cuidado, com mais respeito, mais afeto e mais consciência.

admiro pessoas que mesmo tendo amado pessoas pequenas demais, não tenham se transformado em pessoas assim. mesmo que tenham acreditado demais nos outros, se jogado em alturas e colecionado decepções gigantescas, não se tornaram pessoas cruéis e covardes.

admiro quem tem coragem de tentar, ainda que não tenha certeza de nada, ainda que não saiba se amanhã o outro vai responder a sua mensagem ou vai continuar querendo ficar, ainda que saiba que amanhã pode acabar.

mesmo assim consegue ser alguém apaixonante.

e se você entendeu que, apesar de todas as catástrofes em que o teu corpo se envolveu, o amor não tem culpa, você aprendeu a senti-lo, a viver e arcar com as consequências de se entregar. se você percebeu que sangrar não é perder e que as marcas que você carrega não significam que você caiu tantas vezes, mas sim, que elas dizem que você continuou apesar de tudo, você é uma pessoa apaixonante.

e eu admiro você.

**Acreditamos
nos livros**

Este livro foi composto em Adobe Garamond Pro &
Trade Gothic LT Std e impresso pela Lis Gráfica para a
Editora Planeta do Brasil em maio de 2025.